群読実践記録集

いつでもどこでも群読

家本芳郎
＋
日本群読教育の会

高文研

✣——はじめに

「音読」は、かつて「学習」の基本形であったが、いつしか「黙読」が主流になった。しかし、わたしたちは「声に出して読む」ことの必要性を自覚し、その表現形式として「群読」をとりあげ、実践的に研究してきた。

わたしたちの研究・実践の特徴は、「声の文化」として群読を位置づけ、一つは「楽しい声の輪をつくること」、二つは「日本の伝統的なデクラメイションの技法を継承発展させること」としている。

十数年前に、そうした群読教育の実践や研究に関心をもつ教師が集まって、日本群読教育の会を発足させた。発足当時は十指にも充たぬ微々たるものであったが、全国各地において、実技講座を開き、群読教育の普及にあたってきた結果、しだいに会員もふえてきた。

二〇〇二年夏、東京で念願の第一回全国研究大会を開き、成功裡に出発を飾ることができた。その勢いに乗って、二〇〇三年度は大分県・湯布院にて開くことにした。本書は、高文研の協力を得て、この大会記念として企画した。今後毎年、大会に向けて会員の実践をまとめ、上梓したいと思っている。

本書には、会員のすぐれた実践記録を収録し、各実践には四名の編集委員が「各実践に学ぶ」をコメントした。さらに、群読教育をすすめるための入門的な解説も併録した。

本書が、子どもたちの表現力を育て、声の文化の活性化に役立てば幸いだと願っている。

日本群読教育の会・代表　家本 芳郎

◈——もくじ

装丁＝商業デザインセンター・松田礼一
扉イラスト＝鳴瀬容子

✺凡例——本書に使用されている群読の記号・用語解説

［1］〈ソロ・アンサンブル・コーラス〉
ソロは一人で読む。ただし、「一人が読む」ではない。順番に一人ずつ読んでもいい。
アンサンブルはグループで読む。コーラスの六分の一くらい。
コーラスは大勢で読む。

［2］「＋」〈漸増〉前につけたしていく。

a　大きな　aが読む
＋b　大きな　aとbが読む
＋c　大きな　aとbとcが読む

［3］「－」〈漸減〉前の読み手より減らす。

abc　小さな　aとbとcが読む
－c　小さな　aとbが読む
－b　小さな　aだけで読む

［4］〈追いかけ〉追いかけて読む。

A　┌ふるふるふるふるゆきがふる
B　│　ふるふるふるふるゆきがふる
C　└　　ふるふるふるふるゆきがふる

右のような場合、Aが「ふるふる」と読むと、Bが「ふるふる」と追いかけ、Bが「ふるふる」と読むとCが「ふるふる」と読んでいく。ABCの声が次々に重なっていく。

［5］「§」〈乱れ読み〉声を合わせずにわざとバラバラに読む。

§全員　消防車　清掃車　散水車

右の場合、読み手の全員がわざと声を揃えずに読む。読みがバラバラになって乱れるので乱れ読みという。

［6］〈異文平行読み〉　違う文をいっしょに読みすすめる。

A　これが……あれだ　あれが……それだ　どれが……なんだ

B　あれが……それだ　どれが……なんだ　これが……あれだ

C　どれが……なんだ　これが……あれだ　あれが……それだ

ＡＢＣの３人がいっせいに同時に自分の文を読む。そう読むと、声が混じってなにを読んでいるのか分からないが、それでよい。雰囲気をつくる読み方。

［7］わたりの技法

A　雲から山へ

B　山から川へ

C　川から海へふりそそぐ

ABC　雲から山へ山から川へ川から海へふりそそぐ

文を句で区切って分読し、最後に全員でもう一度、その文を読む。

I　さまざまな場での群読活動

第1章　授業の中で使われている群読

1　小学校・低学年の授業で――

詩「おおきくなあれ」を素材に群読

神奈川県・横須賀市立森崎小学校教諭　長塚　松美

〈解説〉

教科書にある教材「おおきくなあれ」（さかたひろお作）を、楽しんで読めるように群読に脚色した。

二年生の子どもたちは、「ぷるんぷるんちゅるん」の部分が特にお気に入り。自然にほころんだ顔で詩を読む。そこで、もっとおもしろく、もっと楽しく、しかも、みんなで声を合わせて読んでみようということになった。全部を全員で声を合わせても、おもしろみがない。もちろん、一人よりグループで、あるいは学級全員で読むことはすてきなことだと、感覚的にはわかっていても、どのようにアレンジしたらよいか、わたしも子どもたちも未経験であった。

以前、経験した、班ごとに読む箇所を換えたり、全員で読む箇所を設ける形式がよいか、学級全体を二つのグループに分けてかけ合いで読む形式がよいか、この詩の持ち味を生かす形式を考えてみた。どうやら、「あめのつぶつぶ」と読むと、また「あめのつぶつぶ」と、自然に繰り返したくなる詩には、後者の形式がよいように思われた。そこで、早速脚色して子どもたちに提示してみた。皆、目を輝かせて、その脚色に酔いしれてくれた。早速読んでみる。原文どおり読むよりずっと生きた詩になる。自然に声も元気になる。楽しんで読もうとする意欲がどんどん高まるのを実感した。

〈読み手・演出ノート〉

Ａ・Ｂ二つのグループのかけあい。人数に制限はなく、学級を二分すればよい。（わたしの学級は六班編制なので、奇数班と偶数班に分かれたり、一〜三班と四〜六班に分かれたり、班を二分割したりと、いろいろアレンジしてみた。）

〈群読脚本〉

おおきくなあれ　　**さかたひろお**（長塚編）

Ａグループ	Ｂグループ
あめの　つぶつぶ	

ブドウに　はいれ

ブドウに　はいれ
ぷるん　ぷるん　ちゅるん

ぷるん　ぷるん　ちゅるん

おもくなれ

あまくなれ
あまくなれ

あめの　つぶつぶ

リンゴに　はいれ

あめの　つぶつぶ

はいれ　はいれ
ブドウに　はいれ

ちゅるん　ちゅるん　ぷるん

ちゅるん　ちゅるん　ぷるん

おもくなれ

あまくなれ

あめの　つぶつぶ

はいれ　はいれ

リンゴに　はいれ
ぷるん　ぷるん　ちゅるん
ぷるん　ぷるん　ちゅるん
おもくなれ
あかくなれ
あかくなれ

リンゴに　はいれ
ちゅるん　ちゅるん　ぷるん
ちゅるん　ちゅるん　ぷるん
おもくなれ
あかくなれ

〈発展〉

子どもたちは、みんな大喜び。「先生、ほかの果物でも作ろうよ」と、のりのり。

あめの　つぶつぶ
ミカンに　はいれ

あめの　つぶつぶ
はいれ　はいれ

と、次々に詩が湧いてくる。しかも、もうすでにもとの詩の形ではなく、脚色した形で読み始める。際限なく作りたがったし、実際にいくつも出来上がったが、その内の四種類を採用した。

・ミカン……きいろくなれ　・ピーチ……まるくなれ
・チェリー…まっかになれ　・イチゴ……おいしくなれ

と、本物の詩に続けて読んで楽しんだ。

「ぷるん　ぷるん　ちゅるん」を二度繰り返すより、ちょっと工夫して「ちゅるん　ちゅるん　ぷるん」としたところは、わずかなアイデアで詩が豊かになることを実感した。また、最初脚色してみたとき、「ブドウにはいれ」とAグループが読んでいる裏で、Bグループが「あめの　つぶつぶ」と読んだらどうかなと思ったが、アドバイスを受けて、声を重ねずに「はいれ　はいれ」としたところ、いちだんと声が大きくなり、生き生きとした張りのある声が響いたことから、脚色のおもしろさを実感した。

その後、学年合同で集会を開いたときに、この群読を紹介したところ、どのクラスももとの詩は授業で扱っていたので、より楽しい読み方に感銘を受けてくれた。そして、学年全体を二グループに分けて群読を楽しんでみた。

学年の先生方や子どもたちに群読を広めるのに、まったく初めての詩の群読ではなく、自分たちも学習したことがある詩が、アレンジの仕方で、こんなに楽しいものに変身するのかという実感をもたせるこの紹介の仕方は、成功だったと思う。このことがきっかけとなり、卒業期に行う六年生を送る会の出し物には、ぜひ群読を取り入れようという気運が高まったのである。

◆◆長塚実践に学ぶ◆◆

＊毛利　豊

小学校二年生が、教師の自作脚本に酔いしれて目を輝かせ、ついには「のりのり」で自分たちも創作脚本をつくった実践である。その成功の秘密はどこにあるのだろうか。

第一は、学級の子どもたちになじみやすい教科書教材を使ったことである。だから学年集会で他の学級の子どもたちにもすぐに広まった。脚色・アレンジの味わいも、元の詩を知っていればこそ、その面白さが分かることである。

第二に、群読をいわゆる群読らしい複雑なものと、二グループによるかけ合い的なものに分けて考えていることである。むろん、後者の方が平易で、創作するにも読むにも容易である。小学校低学年という子どもたちに取り組ませるのに適切な「型」を提示している。

第三に、そのかけ合いの二分法に、多様なバリエーションを用意していることである。奇数班と偶数班、一〜三と四〜六班、班の二分割、この他に男子と女子、居住区、出身幼稚園ごともあるかもしれない。簡単なことだが、「並び競争」と同様、こういう分担の単純なアレンジも遊びの要素があって面白い。

第四に、教師の創作を範示することで、子どもたちの中に湧き出るような創作意欲をかきたてていることである。実際に面白い発想の脚本が、子どもの手によってたくさんできている。

第五に、子どもたちの脚本のアレンジ・脚色が豊かであることである。同じことの繰り返しより、ちょっと語順を入れ替えたり、一部の言葉だけの繰り返しに変えたり、子どもたちの脚本にはアイデアが生まれてきている。技法が、「追いかけ」をしながら時々A・B同時に読むという単純なものだけに、言葉自体の工夫に関心が向かったのだろう。

第六に、授業の枠を飛び越え、行事の領域までに発展していることである。圧縮された五日制の教育課程の中で、領域の仕切りを外す（関連付ける）のは、すぐれて今日的な迫り方である。

子どもたちが作った群読「かさこじぞう」

宮崎県・都農町立都農小学校教諭　川崎 瑞枝

〈解説〉

これは、小学校二年生の子どもたちが国語で学習した、「かさこじぞう」（いわさききょうこ）の群読シナリオを作り上げるまでの記録である。

きっかけは「おむすび　ころりん」（羽曽部忠）で、群読で初めて読んだ後、「かさこじぞう」の話になった。「かさこじぞうなら、『じょいやさ　じょいやさ　じょいやささ』だね」とある子どもが言った。すると別の子どもが、「ぼくもこんなの作れる」と言ったかと思うと、「じいさま　ばあさま　金もない　金もない」と、即興シナリオを元気な声で作り始めた。

わたしは必死に板書した。二、三度つまると、他の子どもたちが助けていた。拍子が合わないときは、言葉を伸ばしたり、繰り返したりしていたのが印象的だった。

こうして、たった一五分で第一稿の「かさこじぞう」のシナリオができあがった。そのまま印刷して、推敲させた。実際に声に出させ、「変えたいところはないか」と聞いて直していった。一日の推敲に二〇分から四五分。そのたびに、シナリオを作り直して配ったので意見も出やすかった。

一日目は、リズムを中心に話し合った。拍子をとると言いにくいところが分かる。
二日目は、分担を考えた。「ソロ」と「アンサンブル」と「コーラス」の三つに分けてみると、「アンサンブル」の台詞がたったの三つしかないことに気づいた。そこで新しく作ったり、「ソロ」から移動したりした。
三日目は、「アンサンブル」の台詞をもう少し増やし、「コーラス」の言葉も付け加え、実際に分担して読んでみた。最後の確認をすると、「これでいい」と全員が納得した。
子どもの言葉で作らせたかったので、教師の言葉は入っていない。拍子が合わないところもあるが、子どもらしいシナリオに仕上がったのではないかと思う。

〈読み手〉

ソロ　一人（ばあさまの台詞と、じいさまがもちつきの真似をする台詞だけは、別の子どもが読む）
アンサンブル　九人
コーラス　一四人

〈群読脚本〉

かさこじぞう　いわさききょうこ（才名園りょうと二の二のなかま編）

ソロ　じょいやさ　じょいやさ　じょいやささ
コーラス　じょいやさ　じょいやさ　じょいやささ
ソロ　むかし　むかしの　はなしだよ
コーラス　むかし　むかしの　はなしだよ
ソロ　じいさま　ばあさま　金もない
コーラス　金もない
アンサンブル　もちもない
コーラス　もちもない
ソロ　そしたら　じいさま　町に出て
ソロ　かさこを　売ろうと　したもんだ
アンサンブル　けれども　かさこは　売れないよ
アンサンブル　じいさま　とんぼり　町を出た
コーラス　とんぼり　とんぼり　町を出た
ソロ　そしたら　じぞうが　立っていた
アンサンブル　雪に　うもれて　かわいそう
コーラス　かわいそう
アンサンブル　つめたそう

コーラス　つめたそう
ソロ　そうじゃ　このかさ　かぶそうか
コーラス　かぶそうか
アンサンブル　けれども　じぞうは　六人で
コーラス　六人で
アンサンブル　かさこは　五つ　もう足りない
コーラス　もう足りない
アンサンブル　そしたら　じいさま　手ぬぐいを
じぞう　さまに　かぶせたよ
コーラス　かぶせたよ
ソロ　これで　安心　帰ったよ
コーラス　帰ったよ
ソロ　ばあさま　やな顔　一つせず
ソロ(女)　それは　ええこと　しなすった
女子全員　それは　ええこと　しなすった
アンサンブル　じいさま　体を　あたためて
もちつき　まねを　しなすった

コーラス　しなすった
ソロ(男)　米の　もちこ　ひとうす　ばったら　※1
男子全員　米の　もちこ　ふたうす　ばったら　※2
ソロ(女)　ばあさま　ほほっと　わらってね
　あいどり　まねを　しなすった
コーラス　しなすった
ソロ(女)　あわの　もちこ　ひとうす　ばったら　※3
女子全員　あわの　もちこ　ふたうす　ばったら　※4
ソロ　それから　二人は　つけな　かみかみ　※5
　おゆを　のんで　休んだと
コーラス　休んだと
ソロ　そしたら　真夜中　どうなった
コーラス　どうなった
アンサンブル　外で　何か　音がする
コーラス　音がする
ソロ　じょいやさ　じょいやさ　じょいやささ
コーラス　じょいやさ　じょいやさ　じょいやささ

アンサンブル　よおく　聞いて　みーると　※6
コーラス　♪六人の　じぞうさ　かさこ　とって　かぶせた
じさまの　うちは　どこだ
ばさまの　うちは　どこだ♪
ソロ　おもい　ものを　おいてった
ソロ　ずっさん　ずっさん　ずっささささ
コーラス　ずっさん　ずっさん　ずっささささ
アンサンブル　じいさま　ばあさま　雨戸を　くると　※7
かさこ　かぶった　じぞうさま
コーラス　じぞうさま
アンサンブル　手ぬぐい　かぶった　じぞうさま
コーラス　じぞうさま
アンサンブル　空ぞり　ひいて　帰ってく
コーラス　帰ってく
ソロ　じょいやさ　じょいやさ　じょいやささ

コーラス　じょいやさ　じょいやさ　じょいやささ
アンサンブル　米のもち　あわのもち
たわらが　おいて　あったとさ
コーラス　あったとさ
ソロ　めでたし　めでたし　よかったね
アンサンブル　じいさま　ばあさま　よい年だ
コーラス　よい年だ
ソロ　じぞうさまに　ありがとう
全員　ありがとう

※1、2、3、4、5、7は、字あまりなので読みにくい。子どもたちは思いつかなかったが、ほかの言葉に変えるといいだろう。「米もち　ひとうす　ばつたらこ」「あわもち　ふたうす　ばったらこ」のように。
※6は、字足らずなので、子どもたちは伸ばして読んでいたが、「耳を　すまして　よく聞くと」などと変えて読むとよい。

〈発展〉

「聞く」「声を出す」ことに意識して一年間取り組んできた。主なものは、毎週一編の詩の朗読と国語の教科書の暗唱、「聞いたこと作文」である。物語文では「音」を想像させ、楽器や自然にある物を取り入れ音読劇を、学習発表会では、学年で音楽劇をしている。かけ算九九は、四拍のリズムで覚えた。群読は「山かつぎ」を全員で、「らいおん」「早口ことば」をグループで取り組んだ。

この学年は一年生の時から、週一回読み聞かせのボランティアをして頂いている。また一分間スピーチも一年生から続いている。未分化な学年なので、何がこのシナリオを引き出す手立てとなったのかは分からないが、直接的には「山かつぎ」の群読と「かさこじぞう」の全文暗唱と考える。

最初に作り出した子どもは、詩集「のはらうた」が大好きで、プリントをもらうとすぐ読み出し、リズムに合わせて体を動かすのだった。

この群読が生まれた二週間後が、二年生最後の参観日だった。そこで発表もでき、子どもたちも満足だった。おうちの方もこのシナリオが生まれたことを喜んでくださった。

来年度の二年生に同じ指導で、同じ結果がでるとは限らないが、自ら作り出さないとしても、教師の指導があれば、二年生でもシナリオを作れると分かった。

「ももたろうで作りたい」「おおきなかぶでも作れる」と言う子どもたちが出てきた。詩よりも物語の方が、シナリオが作りやすいのだろうか。また「俳句作り」も一つの手立てになるのかもしれないと思っている。

◆◆川崎実践に学ぶ◆◆

※毛利　豊

驚き、そして、また驚いた。

第一に、活きが良い。ぴちぴちした実践である。生徒と先生のあうんの呼吸で、即興的に脚本が生まれている。興にのった波の頭をすかさずとらえた教師も教師なら、そこに食いついていった子どもも子どもである。教師と子どもの心の絆が最も大切であることを教えている。

第二に、小学二年生という幼さである。年端もいかない子どもにも、長編の物語群読は創作できることを実証してしまった。子どもの発達段階などは、できないことの言い訳にならなくなった。

第三に、完成度の高さである。技法は大勢による反復が主であり、難しい技法を駆使しているわけではない。

しかし、同じパターンで統一されていると、それが一つのトーンとリズムを全体に生み出す。シンプルでも繰り返せば美しさになることが分かる。

しかし、なぜこんなことができたのか。よく考えたら少し納得し、だんだんと納得してきた、それは。

第四に、教師の働きかけ方が整理されていることである。リズム・分担・セリフの量という視点を与えて、回を分けて検討させたり、詩の音読→詩・九九の暗唱→群読経験→群読脚本創作と手順をふんだり、視覚化して対象化させたりしている。

第五に、未分化な段階の脳の特性と心性である。パターン認識的な記号暗記が容易な時期とされている。教えられた詩・群読などは、すっと頭に入り、意識の深部に銘記されるのではないか。雑念や羞恥心が少ないだけ、アウトプットもしやすいことも考えられる。

芭蕉が「発句は三尺の童にさせよ」と言ったことと、何か関係があるのではないか。そんな気がした。

創造性の育成のためにも、名詩の暗唱や物語の群読経験からまず始めると良いこと、その時期は実は早い方が良いことを、この実践は示唆しているようにも思われる。

2 小学校・中学年の授業で――

音読からの発展「かもつれっしゃ」

栃木県・壬生町立稲葉小学校教諭　山中伸之

〈解説〉

音読詩集『かけっこ　三年』（文溪堂）を用いて、折に触れて国語の授業で詩の音読を行ってきた。今回、一年間の音読のまとめという意味も込めて、有馬敲の「かもつれっしゃ」を群読に脚色してみた。

「かもつれっしゃ」は擬音語だけで表現されている詩である。貨物列車が連結され、動きだし、速度を上げ、最高速度に達し、徐々に遠ざかっていくという様子が、見事に表現されている。

シナリオを印刷して配布したところ、子どもたちはすぐに声に出して読み始め、音しか表現されていない世界に大いに興味を示していた。これなら、群読にあまり慣れていない子どもたちでも楽しめるのではないかと思った。

〈読み手〉

ＡＢＣＤＥＦＧの七グループ。これは、連結する音が六度出てくるので、貨物列車を七両編成と考え、各グループをそれぞれ一両に見立てたためである。

各グループの人数を四名としたが、学級の子どもの人数二八名を単純に割り振った結果である。

ＡＢＣＤＥＦＧの各グループから一名だけがソロを分担する。Ａグループのソロがａ、以下ｂｃｄｅｆｇとなる。

〈演出ノート〉

次のように、いくつかのポイントを押さえて群読を行ってみた。

なお、七つのグループはそれぞれ縦一列に並んでいる。

① 冒頭の「がちゃん」は車両が連結する音なので、少し動きをつけて行う。最初Ａグループだけが他と離れて並んでいる。そこにＢグループが歩いて近づき、ＡグループとＢグループが一緒になったところで「がちゃん」と言う。以下同様に、各グループが近づいて行って「がちゃん」と言う。

② 次の「がちゃあああん」は列車が動き出す時の音である。先頭の車両から時間差で後ろの車両まで音が伝わっていく感じを出す。七名の子が「がちゃあああん」と言うのだが、ａの子が「がちゃ」まで言った頃合いをみて、ｂの子が「がちゃあああん」と始まる。以下、同様にｇの子までが、自分の前の子が「がちゃ」まで言った頃合いを見て「がちゃあああん」と言う。追いかけである。最初、合わせるのが難しいが、教師が前で指揮をしながら何度か練習すると上手に合うようになる。

③　列車が動き出す「がったん　ごっとん」は単純な掛け合いだが、徐々に速くなるように練習する。

④　列車のスピードがあがる「ごっと　がった」はリズムが少し変わるので、何度も切り替えの練習をして慣れるようにする。ここでも徐々に速くする。

⑤　列車が最高スピードに乗った「がた　ごと」はなるべく速く力強く表現する。

⑥　列車が遠ざかっている「かた　こと」は徐々に読み手の数を減らし、フェード・アウトするような感じで読んでいく。

〈群読脚本〉

かもつれっしゃ　有馬　敲（山中編）

AB　がちゃん
BC　がちゃん
CD　がちゃん
DE　がちゃん
EF　がちゃん
FG　がちゃん

a　がちゃああん
b　がちゃああん
c　がちゃああん
d　がちゃああん
e　がちゃああん
f　がちゃああん
g　がちゃああん

a　がちゃああん
b　がちゃああん
c　がちゃああん
d　がちゃああん
e　がちゃああん
f　がちゃああん
g　がちゃああん

AB　がったん

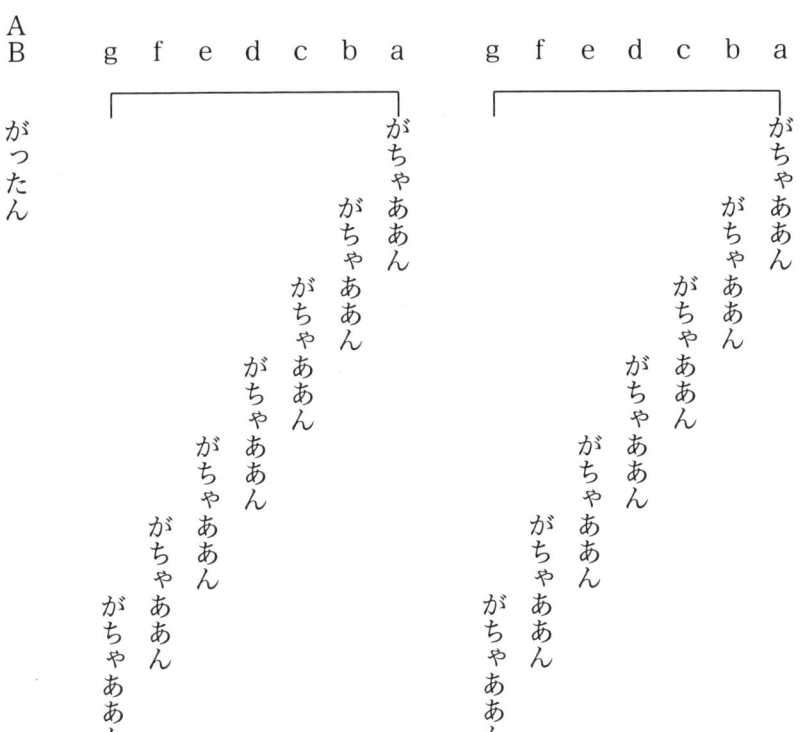

EFG がったん
CD ごっとん
EFG ごっとん
AB がったん
EFG がったん
CD ごっとん
EFG ごっとん
AB がったん
EFG がったん
CD ごっとん
EFG ごっとん
AB がったん
EFG がったん
CD ごっとん
EFG ごっとん
AB がったん
EFG がったん

CD　ごつと
EFG　ごつと
CD　がつた
EFG　がつた
CD　ごつと
EFG　ごつと
CD　がつた
EFG　がつた
ABCD　ごつと
EFG　ごつと
ABCD　がつた
EFG　がつた
ABCD　ごつと
EFG　ごつと
ABCD　がつた
EFG　がつた

ABCDEFG　ごっと　がった　ごと　がた
ABCDEFG　がた　ごと　がた　ごと　がた　ごと
ABCDEFG　がた　ごと　がた　ごと　がた　ごと
ABCDEFG　がた　ごと　がた　こと　かた　こと
CDEFG　かた　こと　かた　ことかたこと
EFG　かたことかたことかたことかたこと
G　かたことかたことことことこと

〈発展〉

指導者であるわたしに群読指導の経験がほとんどないので、子どもたちの力を十分に引き出すことができていないと思う。それでも、子どもたちの感想を読むと、意外に群読を楽しみ、そして満足しているようだ。

・さいしょは、何が何だかわからなかったけど、今になっておもしろくて、練習するのが楽しくて、練習が毎日楽しくて、人前でもできるようになりました。

・発表した時は、みんなと合わさっていてとてもおもしろかったです。練習の時はあまりうまく行きませんでした。
・ぼくは練習してる時、本当にかもつれっしゃに乗ってるかと思いました。
・練習の時は、最初はむずかしかったけど、練習するたびに楽しくなってきました。本番ではバラバラのところやわすれちゃったところもあったけど、うまくいってよかった。
・練習のとき、最初はかんたんそうだと思ったけど、意外にむずかしかった。発表のときは、最初はきんちょうしていて何もできないと思ったけど、じょうずにできた。
・かもつれっしゃの練習のときは「がちゃん」を何回言うか分からなくてくろうしました。でも、四年生に聞いてもらうことができたのでよかったと思います。とっても楽しかったです。
・かもつれっしゃを練習しました。はじめは「おむすびころりん」のようなものかと思いました。でも意外とむずかしいようなかんたんなようなという感じでした。でも本番の時はあまりきんちょうしませんでした。自分ではよくできたと思いました。

練習を繰り返して上手になっていくと、子どもたちから「誰かに聞かせたい」という声が上がった。そこで、四年生にお願いして聞いてもらったのである。

満足する表現ができあがれば、誰かに聞いてほしいと思うようになる。逆に考えれば、誰かに聞いてほしいと思うようになるくらいまで表現の技術を高めていくことが大切なのだということを、改めて学んだ活動だった。

◆◆山中実践に学ぶ◆◆

※片桐　史裕

山中学級の子どもたちは電車の魅力に心をくすぐられたことだろう。

その意味で、第一に教材として、擬音語だけの詩をとりあげたことがすぐれていた。

擬音語だけの詩を表現するには、想像力が必要だ。その擬音語は貨車のどんな状態なのか考えながら演じなければならない。列車が連結する音、走る音はふだん聴き慣れ、聞いていて心地良いものなので、子どもたちはその情景を想像しながら楽しく表現したのではないだろうか。「ここは連結」「ここはゆっくり走行」「だんだん早くして」と自分を列車に擬して演じたのだろう。からだもしぜんに反応して、自ら貨物列車と一体化して表現したと思われる。子どもの感想に「ぼくは練習してる時、本当にかもつれっしゃに乗ってるかと思いました」とある。音声で演ずる言語表現と、からだで演ずる身体表現が一致するところに群読の楽しさがある。

第二はグループごとに一つの貨車を演じていること。これは分担の仕方として理想的である。グループ内で仲間と協調して、さらに他のグループと協調し、それら全体として貨物列車を表現するというしくみである。個→グループ→学級というように、協調の階梯をつくって子どもたちの能力を高めている。これはすぐれた演出力である。

第三は、ゲーム的な要素があること。「おいかけ」を入れたところ（a～g「がちゃあああん／がちゃああん／……」）が見事である。ここは単純にみえるが、難しい表現である。しかし、ゲーム的なので、子どもたちは熱中し、成功させようとする。成功すると達成感が生まれ、それを他の人に聞いてほしいと思うのはしぜんのなりゆきである。

第四は「自分たちの表現を聞いてほしい」と思える「学級の文化」にまで、子どもたちを引っ張って行ったことだ。「すぐれた学級はすぐれた文化をもつ」地点に高めた、山中先生の指導性の、ひときわ光る実践であった。

3 小学校・高学年の授業で――

参観日に行う群読の授業

宮崎県・高千穂町立田原小学校教諭　坂尾　知宏

〈解説〉

五年生の授業参観日に群読を取りあげた。子どもたちだけでなく、保護者にも「群読の楽しさを伝えるにはどうしたらよいか」というテーマで、一時間の授業の流れを組み立ててみた。

教材を選択する際、

ア．群読の楽しさにふれることができる教材
イ．群読の技法やしくみについて知ることができる教材
ウ．保護者と児童のふれあいが図れる教材

という三つの視点を考慮し、次のように授業の流れを構想して実践した。

1　「地引あみ」（西條八十・家本芳郎編）を教材として、群読の技法やしくみについて知る。

斉読→バックコーラス付き→掛け合い付きという順番で読み進めていくことで、声の厚みが増し、リズム感が出てくるという楽しさを実感することができる。また、「ヨイショコショイ」というセリフを最初無声音で練習させ、「少しずつ大きな声で」と呼びかけることで、音量の調節の仕方を覚えさせるのにも効果的な教材である。

2　「どっちの学校、いい学校」（西條八十・家本芳郎編）を教材として、群読の楽しさにふれる。

次に、子どもたちにアレンジする楽しさを感じてもらうため、「どっちの学校、いい学校」をクラス全員で群読した。この教材は、群読が初めての子どもたちでも簡単に取り組め、声の調子や身振り等を工夫することで十分楽しめるというよさがある。ソロを教師が担当し、クラスをA～Eの五グループに分け、児童がコーラスを担当する。グループごとに読み方と身振りを考えさせた後、群読する。

3　「はやく　はやく」（藤富保男）を教材として、保護者と児童のふれあいを図る。

この教材は、家庭での日常生活でよくありそうな場面をテーマにしており、参観日にはもってこいの教材といえる。男子全員、女子全員の二つのグループに分け、最初Aを男子、Bを女子で群読し、次にAを女子、Bを男子と立場をかえて群読した。

さらに、Aを子ども全員、Bを保護者で群読し、最後にその逆をやってみるとさらにおもしろいのではないだろうか。

次のように行った。

〈演出ノート・読み方〉

Aは男子、Bは女子のふたりで読む。

Aが女子でもよい。Aが女子だったら「ぼく」のところを「わたし」と読む。

〈群読脚本〉

はやく　はやく　**藤富保男**（坂尾編）

A　ぼくがおふろにはいっていたら母が言った

B　早くからだあらいなさい

A　ぼくがからだをあらっていたら

B　早くあがりなさい

B　早くごはんたべなさい

A　たべていたら

B　早くねなさい

B　早くおきなさい

　　早くかおをあらいなさい

　　早くごはんをたべなさい

参観日に「どっちの学校、いい学校」を披露

A　うるさいな
B　早くもんだい　ときなさい
　　早くねなさい　おきなさい
A　早く早くって　うるさいな
　　早くけっこんして
　　いそいで　おじいさんになって
　　ああ　いそがしい
　　いそいでやるのは　どろぼうだけだよ

〈まとめ〉

授業後の児童・保護者の感想を紹介する。

・なぜか今日は楽しかったです。今までは、みんなで合わせて読むのがあまり好きじゃなかったけど、今日みたいに読むと楽しめました。

・「地引あみ」は、昔の詩みたいな感じで、ハモリみたいで、楽しい歌でした。

・「どっちの学校、いい学校」は、おもしろく、お母さんたちにもうけていました。私もこれが一番大好きでした。特に笑う時の振り付けがおもしろかったです。振り付けを作る時は、「やっぱりこれ」「やっぱり、こっちの方がいい」「いやだ、やりたくない」ともめていましたが、何とかうまくいきました。

・「どっちの学校、いい学校」で、笑ったり泣いたりする時、とてもはずかしかったです。だけどやっているうちにおもしろくなりました。今度やる時は、もっとおもしろくなるようにしたいです。

・「はやく　はやく」もおもしろく、私のお気に入りです。みんな、Bを読む時は、お母さんのマネをして、一生けん命やって、すごいはく力でした。

・みんな元気いっぱい、五の一さんらしい授業でした。一人ひとりの表情がとても良かったですね。

〈発展〉

二学期から、クラスの中に「詩の係」がスタートした。一学期中にいろいろな詩を紹介していたので、興味をもつ児童が増えてきた。二学期はやる気のある子どもが希望して「詩の係」になった。

そして、朝の会の時間に、「詩の係」を中心として、毎朝群読をすることになった。「おむすび　ころりん」（羽曽部忠）、「どいてんか」（島田陽子）などの教材が子どもたちには人気があった。子どもたちの好きな教材から、月に一点程度の教材に取り組んでいった。

また、二月の学習発表会では、練習してきた詩を全校の前で発表した。普段、声の小さい子どもも、みんなと声を合わせることで、堂々と発表できたようであった。

◆◆坂尾実践に学ぶ◆◆

※澤野　郁文

大人になってから多くの人は腹の底から声を出すということを忘れているが、坂尾実践では、見事に参観授業に参加した大人たちが、大きな声を子どもと共に出す楽しさを味わった。なぜそれができたのか。学ぶべき点はたくさんある。

第一に、授業参観というイベントを、参観者と共にさわやかで元気よく前進的なトーンにしようと考え、群読で授業をまとめていったという発想に学びたい。その楽しさをたったの四五分で味わってもらうべく、順序立てて群読の世界に子どもだけでなく大人をも引き込んでいる。徹底的に群読教材を研究し、分析し、タイミングよく提起していったからできたのであろう。

第二に、最初に「地引あみ」を取り上げ、群読の楽しさを自然に体感させていく導入法に学びたい。「少しずつ大きな声で」斉読させることによって、新しい集団の中で開放的になれないでいる子どもたちや、声を出すことになれていない大人を徐々に声の輪に引き込んでいくという、ウォーミングアップがすぐれていた。

第三に、「どっちの学校、いい学校」を取り上げ、雰囲気をさらに盛り上げている点に学びたい。すっかり打ち解けたムードができたところで元気な声と笑いが響きわたる教材を設定していた。

第四に、効果的な身体表現を取り入れている点に学びたい。ここで体を動かすことによりさらに緊張が解け、安心して存分に声が出せるはずだ。そして「はやく　はやく」のころになるともうユーモアたっぷりと表現できる余裕が生まれ、大爆笑の渦ができた。見事としかいいようのない段取りである。

群読は楽しい文化であり、誰でも気軽に参加できる活動である。が、いざ自分が仕切って全体にその楽しさや迫力を味わってもらおうと考えると、少々勇気がいる。

そんな不安を持つ教師に、すばらしい群読導入法を示唆してくれた実践であった。

4 中学校の授業で――

金子みすゞがつなぐ群読脚本づくり

富山県・滑川市立滑川中学校教諭　毛利　豊

〈解説〉

中学校に入学したばかりの新一年生に、国語の授業の冒頭で、「名詩の一斉音読」や「ミニ群読」を毎時間させた。最近の子どもは、蚊の鳴くような声しか出さないからである。自信のなさや羞恥心の発達もあろうが、体が集団にひらかれていないからである。初めにみんなで声出しをすることで、授業中の発言・発表の声にもはりがでた。また、集中力の続かない子どもたちに、漢字練習や仕上げのワークの時間等とあわせて、短いユニットで区切った授業にすることもできたからである。これで五感を使った作業や変化のある授業になり、授業規律も保てた。

二学期の授業参観をきっかけに、本格的な群読に取り組んだ。各自が好きな脚本を選び、選んだ者同士でグループをつくり、練習の後に参観者やみんなの前で発表しあった。その授業で子どもたちはすっかり群読の楽しさに魅了された。

三学期、卒業関連の行事が続く。しかし、教育課程の圧縮化の中で、じっくり取り組む時間が確保できない。そこで、国語の授業で、こんどは群読を「読む」だけではなく、自分たちの知恵を集めて「脚本をつくる」ところに力点をおいて取り組んだ。

題材となる詩は、予餞会の創作劇のテーマに合わせて実行委員会が選んだ。小学校の教科書に載っている、金子みすゞの「わたしと　小鳥と　すずと」である。これを個人で脚本化し、それをもとに班で脚本をつくり、学級での発表会と意見交換を経て、学級脚本に練り上げた。さらに、わたしの授業担当の三クラスで読み合いをし、長所を合成して学年脚本に集大成した。最後に声に出して修正を加えながら、完成脚本とした。

なお、授業展開は、前のクラスでの教訓を生かして、途中で修正・発展させた。

〈教材〉

わたしと　小鳥と　すずと　　金子みすゞ

わたしが両手を　ひろげても、
お空は　ちっとも　とべないが、
とべる小鳥は　わたしのように、
じべたをはやくは　走れない。

わたしがからだを　ゆすっても、
きれいな音は　でないけど、
あの鳴るすずは　わたしのように、
たくさんなうたは　知らないよ。

すずと、小鳥と、それからわたし、
みんなちがって、みんないい。

◆第一クラス目（一年六組）◆

1、趣旨説明（二分）
2、個人での脚本づくり（一五分）
3、班での脚本づくり&発表練習（一五分）——四人の学習班で
4、発表会&話し合い（一八分）

前半部分で、繰り返し法を取り入れた四班の脚本と、後半部で漸増法を取り入れた八班の脚本が、みんなから評価された。しかし、技法をあまり意識しないでつくらせたので、「分読」程度の平凡な脚本が多かった。

5、学級としての脚本づくり

立候補者に、四班と八班の脚本を元にして、家でまとめの創作をしてもらった。

【一年六組　群読脚本】

全員　「わたしと　小鳥と　すずと」　金子みすゞ
1班　わたしが両手を
2班　ひろげても、
3班　ひろげても〜、（エコーで余韻を出す。漫才師「いつでもここから」のように）
4班　お空は　ちっとも
5班　とべないが、
6班　とべないが、
1班　とべる小鳥は
+2班　わたしのように、
+3・4班　じべたをはやくは
全員　走れない。

4班　わたしがからだを
5班　ゆすっても、

6班　ゆすっても〜、（エコーで余韻を出す。漫才師「いつでもここから」のように）
女全員　きれいな音は
男全員　でないけど、
　1班　でないけど、
　2班　あの鳴るすずは
　+3班　わたしのように、
+4・5班　たくさんなうたは
　全員　知らないよ。

　5班　すずと、小鳥と、
　+6班　それからわたし、
+2〜4班　みんなちがって、
　全員　みんないい。

▼小まとめ（教訓）
・基礎知識なしにゼロからつくると、単なる分読程度の脚本が多くなる。
・学習班でつくると、つくるのには良いが、発表の時に人数不足となる。

◆第二クラス目（一年一組）◆

1、趣旨説明と群読技法の確認（七分）

家本芳郎氏作成の「技法一覧」プリントを、新しく使用した。

2、個人での脚本づくり（一五分）

3、班での脚本づくり&発表練習（二〇分）

作成自体も、中間発表の都合を考慮して、生活班（六〜七人で）に切り替えた。

4、発表会&話し合い（一八分）

二班の「エコー」技法?、六班の題名と終末のわたりの技法、三班の中盤の追いかけ技法、その他の班の漸増・漸減法が、みんなから評価された。

5、学級としての脚本づくり

立候補者に、各班の良いところを取って、家でまとめの創作をしてきてもらった。その生徒は、細かく分けるために、学習班（九班）で分担する脚本にしてきた。

【一年一組　群読脚本】

1〜3班　「わたしと

4〜6班　小鳥と

7〜9班　すずと」

全員　「わたしと　小鳥と　すずと」

ソロ　金子みすゞ
1〜3班　わたしが両手を
+4〜6班　ひろげても、
—1〜3班&+7〜9班　お空は　ちっとも
—4〜6班　とべないが、
1班　とべる
2班　小鳥は
3班　わたしのように、
4班　じべたを
5班　はやくは
6班　走れない。
全員　走れない。
1〜3班　「わたしが　からだを　ゆすっても、
4〜6班　わたしが　からだを　ゆすっても、

7〜9班　「わたしが　からだを　ゆすっても、
1〜3班　きれいな音は
全員　でないけど、
7班　あの鳴るすずは
8班　わたしのように、
9班　たくさんなうたは
1班　知らないよ。
全員　知らないよ。

1・2班　すずと、
＋4・5班　小鳥と、
全員　それからわたし、
1〜4班　みんなちがって、
5〜9班　みんないい。
全員　みんなちがって、みんないい。

▼小まとめ（教訓）

・技法にこり過ぎ、細分化しすぎると、読むのに苦労することがわかった。特に学年集団二〇〇人で読むときは、ある程度、シンプルである必要が予想された。
・追いかけは、言葉が重なると、何を言っているか聞き取れなくなるので、使い方とずらし方に微妙な工夫が必要である。
・反復法やわたりの技法は、「強調されて良い」という意見が共通していた。

◆第三クラス目（一年四組）◆

1〜3の流れは、第二クラス目（一年一組）と同じ。

4、発表会&話し合い（一八分）

四班の中盤のシンプルな追いかけを繰り返す方法、六班の最後の何度も追いかけるのが詩のテーマにあっているという意見が出た。しかし、重なるとやはり何を言っているのか聞き取れないという指摘もあった。

そこから内容と表現との関連に議論が及び、この詩の場合には、個々の個性の良さを謳っているのに、漸増法で盛り上げるのが本当にふさわしいのかどうかが問題となった。むしろバラバラであることを強調した方がこの詩の場合は良いのではないか、というのである。

5、学級としての脚本づくり

立候補者に、各班の良いところを取って、家でまとめの創作をしてきてもらった。しかし、前半には漸増法的な色彩が残っている。

【一年四組　群読脚本】

ソロ　「わたしと
1・2班　小鳥と
3〜6班　すずと」
全員　「わたしと　小鳥と　すずと」

1班　わたしが両手を　ひろげても、
2〜4班　お空は　ちっとも　とべないが、
5612班　とべる小鳥は　わたしのように、
全員　じべたをはやくは　走れない。

1・2班　わたしがからだを　ゆすっても、
3〜5班　　　わたしがからだを　ゆすっても、
1・6班　きれいな音は　でないけど、
2〜4班　　　きれいな音は　でないけど、
5・6班　あの鳴るすずは　わたしのように、

1〜3班　「あの鳴るすずは　わたしのように、
全員　たくさんなうたは　知らないよ。
1・2班　┌すずと、小鳥と、それからわたし、
3・4班　│　すずと、小鳥と、それからわたし、
5・6班　└　　すずと、小鳥と、それからわたし、
1・2班　みんなちがって、
全員　みんないい。

〈学級群読脚本の紹介〉

各学級の脚本を印刷し、三学級でそれぞれ読み合った。他の学級の様子に子どもたちはたいへん興味津々だった。役割分担を確認して、すぐ声に出して読んでみた。いろいろな批評が出たが、次の諸点に集約された。

・分読は細かく切りすぎると、読みにくくなる。
・要所要所を反復法で強調するのが、何を言っているのかがよく分かって、良い。
・ばらばらな追いかけ部分が、詩の内容と合っていて、なかなか良い。ただし違うセリフは、あまり重ねない方が良い。

・男女の分読も、内容に合わせて、どこかに入れてもよい。

〈学年群読脚本の制作〉

私が担当していないクラスでも読んでもらい、これらの意見を参考にして、立候補者に学年脚本の原案を作らせた。それを各学級で音読してみて、意見を聞きながらさらに修正を加えた。そうしてできたのが、以下の完成脚本である。学年練習では、「班」番号は「クラス」番号に読み替えた。

【学年完成脚本】

ソロ　「わたしと　小鳥と　すずと」　金子みすゞ

1　わたしが両手を　ひろげても、
2　お空は　ちっとも　とべないが、
3　とべる小鳥は　わたしのように、
4　┌じべたをはやくは　走れない。
全男子　└　走れない。
5　わたしがからだを　ゆすっても、
6　きれいな音は　でないけど、

5　あの鳴るすずは　わたしのように、
4　たくさんなうたは　知らないよ。
全女子　知らないよ。

3　すずと、
2　小鳥と、
1　それからわたし、

6・5　すずと、　小鳥と、　　　　　それからわたし、
4・3　　　すずと、　小鳥と、　それからわたし、
2・1　　　　　すずと、　小鳥と、　それからわたし、

6・5・4　みんなちがって、
3・2・1　みんないい。

3・4　みんなちがって
2・5　みんなちがって

1・6　みんなちがって

全員　みんないい！！

〔注〕分担の配列は、一組から六組までが横一列に並んだ隊形を想定して振った。右から左へ、左から右へ。中央から周辺へ、周辺から中央へ。ソロと全体のバランスと、街のネオン・ライトの点滅をイメージした。

〈まとめ〉

この実践がつないだものは、とかくバラバラになりがちな次の四つだと思う。

①は、教科――行事である。行事の削減傾向の中での、一つの活路となろう。

②は、個人――班――学級――学年である。小を重ねて大を成し、下から積み上げて完成品を作ることのボトムアップ式が民主主義的ではないか。やや経験主義の這いずり回りのきらいはあるが――。

③は、〔理解〕領域――〔音声表現〕領域である。一つの領域は、他の領域に響くものでありたい。感性や勘だけより、言語化して意識化させ、知育としての実質をもたせたい。

④は、教師――生徒である。教師もこの世界ではまだアマチュアである。試行錯誤を重ね、生徒と横並びで取り組めるところが、今日的で、かえって良い。

自分たちが作った脚本を群読する中学一年生

中学校の授業は教科担任制なので、一クラスの展開で得た教訓を、次のクラスで生かすことができた。

また、詩の表現技法とその効果をまとめて学習した後だったので、群読の技法の論議でも「強調」「反復」「余韻」などの概念を使って議論できた。

さらに、学級で読む練習を重ねたので、学年全体での練習は短くてすんだ。しかしながら、大集団になると万事、動作は緩慢になりがちで、指揮者を置くなどしたが、テンポを保つのに苦労した。

今後の発展としては、学年発表大会を、教科行事として授業時数にカウントして公然と行うことなどが考えられる。

また、詩を自分で選んできて、それを有志グループで脚本にするような取り組みを考えてもよいと思う。なぜなら、卒業式準備の、三年教室の廊下に詩を飾る作業で、子どもたちはとてもすてきな詩を見つけてきたからだ。

群読化しやすい詩、しにくい詩という視点にも目を開かれるだろう。

◆◆毛利実践に学ぶ◆◆

※片桐　史裕

学校教育において研究途上である群読を、教育の「文化」として定着させるのはとても難しい。しかし、毛利先生は教科担任の強みを発揮して、授業のなかで群読をとりあげ、群読文化を根付かせ、「まとめ」にあげた四問題をみごとにクリアしている。その特徴は、文化創造が「個→班→学級→学年」へピラミッド的な階梯をへて、つながれていくことにある。

毛利先生から学んだことは次の三点である。

一点目、まず、個の創造から出発したことがすばらしい。脚本はまず個人がつくる。それを班でまとめる。さらに、学級としてまとる。発表会と話し合いを用いて、表現上のすぐれた点、困難点などを出し合い、それらをまとめて学級共有の財産とした。

二点目、各学級の文化を学年の文化へと高めていく過程がすばらしい。学級は不思議と独自の文化をうみだす。たとえば、静かな学級、騒がしい学級と、生活文化もさまざまあることからもわかる。したがって、学級から創造される脚本も、それぞれの文化を反映したもので、他の追従を許さない、その学級独自のスタイルをもっている。

毛利先生は、そういう学級文化が色濃く反映した脚本を他学級に紹介することにより、文化の交流を図った。毛利先生は三学級の国語を担当しているが、その三つの学級を「つないだ」のである。生徒たちは、他の学級の脚本を読み合い、その脚本の良い点、問題点を学びつつ、その集約のうちに洗練された学年の脚本をつくりあげた。

三点目、生徒の力の引き出し方がすばらしい。毛利先生は「この脚本がいい」と押しつけることなく、生徒の試行錯誤を許容しながら、脚本をつくらせている。本文中にある一年四組の話し合いは、その好例である。理解と表現の一致という点で、きわめて高度な話し合いを組織していた。

この報告は、教科活動の新たな地平を拓く先導的な実践といえよう。

古典にいどむ——衣笠の合戦『源平盛衰記』より

日本群読教育の会・代表　家本芳郎

〈解説〉

古典の物語教材にはよく「平家物語」が出てくる。「扇の的」など代表的な教材である。わたしの勤務していた、神奈川県横須賀市の中学校は、『源平盛衰記』に登場する源氏方、三浦大介の居城、衣笠城のすぐ近くにある。教室の窓から衣笠城がよくみえる。親近感もあるので、二年生では、「衣笠の合戦」をとりあげている。

〈演出ノート〉

1、二つの生活班を一学習グループにして、グループごとに分読して表現させた。一グループは一二～一四名である。分読はあまりこま切れにせず、基本的には、一文を単位に分読するようにすすめた。

2、読みでは、「朗々と読む」「固有名詞の楷書読み」「修羅場読み」「大仰に気どって読む」「係り結びの強調」「文末表の工夫。盛り上げと落としの使い分け」に留意させた。

3、子どもたちはいろいろ工夫して表現したが、とくにおもしろかったのは、次の二つである。

①漸増法を用いた表現

M　これを迎える三浦の勢、城主三浦大介義明を大将軍に、その子義澄・与一をはじめとして、和田・佐原・佐野・藤平・奴田党など、わずか四百五十三騎。

右を次のように分読した。M＝三浦方のなかから六人を選び、1～6までナンバーをふり、次のようにわりふりして読んだ。＋は追加していく読みで、「＋2」は「1と2で読む」となり、声の量が次々にふえていくことで、三浦方の人数が増えていくことを表現していた。

M全員　これを迎える三浦の勢、
1　城主三浦大介義明を大将軍に、その子義澄・与一をはじめとして、
＋2　和田
＋3　佐原
＋4　佐野
＋5　藤平
＋6　奴田党など、
M全員　わずか四百五十三騎。

②異文平行読みを用いた表現。

MH　そののち双方、たがいに命を惜しまず、さしつめ引きつめ、駆け出で駆け出で、追いつ追われつ、進み退き、組んず組まれつ、討ちつ討たれつ、いずれ劣れりともみえざりけり

MH＝平家方＋三浦方の読み手をａｂｃｄｅｆの六つにわけ、「さしつめ引きつめ、駆け出で駆け出で、追いつ追われつ、進み退き、組んず組まれつ、討ちつ討たれつ」を異文平行読みした。異文平行読みとは異なる文を平行して読む読み方である。

MH　そののち双方、たがいに命を惜しまず、さしつめ引きつめ、駆け出で駆け出で、追いつ追われつ、進み退き、組んず組まれつ、討ちつ討たれつ

ａ　さしつめ引きつめ　さしつめ引きつめ　さしつめ引きつめ………
ｂ　駆け出で　駆け出で　駆け出で　駆け出で…………
ｃ　追いつ追われつ　追いつ追われつ　追いつ追われつ　追いつ追われつ……
ｄ　進み退き　進み退き　進み退き　進み退き　進み退き………
ｅ　組んず組まれつ　組んず組まれつ　組んず組まれつ　組んず組まれつ……
ｆ　討ちつ討たれつ　討ちつ討たれつ　討ちつ討たれつ　討ちつ討たれつ……

MH　いずれ劣れりとも見えざりけり。

こう読むと、あちこちで戦いがくりひろげられている様子が表現できた。

なお、異文平行読みには、次のような読み方もある。**太字は強調。**

a　さしつめ引きつめ、駆け出で駆け出で、追いつ追われつ、進み退き、組んず組まれつ、**討ちつ討たれつ**

b　駆け出で駆け出で、**追いつ追われつ**、進み退き、組んず組まれつ、討ちつ討たれつ、さしつめ引きつめ

c　追いつ追われつ、進み退き、**組んず組まれつ**、討ちつ討たれつ、さしつめ引きつめ、駆け出で駆け出で

d　進み退き、組んず組まれつ、討ちつ討たれつ、**さしつめ引きつめ**、駆け出で駆け出で、追いつ追われつ

e　組んず組まれつ、討ちつ討たれつ、さしつめ引きつめ、**駆け出で駆け出で**、追いつ追われつ、進み退き

f　**討ちつ討たれつ**、さしつめ引きつめ、駆け出で駆け出で、追いつ追われつ、**進み退き**、組んず組まれつ

〈読みの分担〉

T＝タイトルと結末を読む。二名

H＝平家の勢を表現する。数人のグループ

M＝三浦党を表現する。数人のグループ

O＝三浦大介を表現する。ソロ

Y＝三浦義澄を表現する。ソロ

〈群読脚本〉

T1　源平盛衰記　巻の二十二より　衣笠の合戦

T2　ときは治承四年八月二十九日。

H　平家の勢、つごう三千余騎、衣笠城を取り囲む。

M　これを迎える三浦の勢、城主三浦大介義明を大将軍に、その子義澄・与一をはじめとして、和田・佐原・佐野・藤平・奴田党など、わずか四百五十三騎。

O　衣笠城主三浦大介義明、今年七十九にありけれど「命を惜しむは人にあらず。いでいで駆け出で最後の戦さしてみせん」とぞ下知し給う。

M　されば、二十騎、三十騎、馬の鼻並べて駆け出でつつ、案内を知らぬ者どもを、悪所悪所へ追い詰め討ちてんげり。

MH　そののち双方、たがいに命を惜しまず、さしつめ引きつめ、駆け出で駆け出で、追いつ追われつ、進み退き、組んず組まれつ、討ちつ討たれつ、いずれ劣れりとも見えざりけり。

O　大介味方に向いて大音声にて叫びけるは「父死ぬれども子かえりみず、子討たるるとも親退かず。乗り越え乗り越え、敵に向かうことこそ坂東武者の習いなれ」

MH　しばし、敵も味方も暇なきさまに、今日を限りと戦いたれど、多勢に無勢、日もようやく暮れければ、三浦氏、戦さに疲れ果て、弱々しくとぞ見えたりける。

O　ここに大介、子孫郎党を呼びいえて「戦さはすべきほどにしつ。われもまた見るべきことのほどを見つ。われをここに捨て、とくとく落ちて行け」と、直垂の袖をしぼりて言いたりけり。

Y　かくて義澄、泣く泣く主君源頼朝を尋ね奉りて、久里浜の岬より船に乗り、安房の方へぞ落ち行きける。

T2　ここに大介討たれ、衣笠城ついに落城せり。

〈発展〉

漢字や文法は嫌いだが、読むことは大好きという子どもに陽があたり、熱中して読んでいた。これまで、国語の嫌いだった子どもが、廊下ですれ違うと「先生、こんど、いつ群読をやるの」と聞いてくるようになった。この「衣笠の合戦」は、勤務校の生徒会が作成した「交響組曲　よこすか」にも使われ、本校群読活動の一つの象徴的な作品となった。

◆◆家本実践に学ぶ◆◆

※毛利　豊

群読教育の創始者による草創期の実践である。汲めど尽きぬ教訓の中でも、特に次の四点を学びたい。

第一に、「素材文」の選び方である。教科書教材をそのまま群読脚本に変えるのでは、内容的には二番煎じになる。かといってまったく知らないものでは、馴染みがうすい。しかし教材文の関連や発展であれば、ちょうど好都合となる。しかも地域教材は生徒の興味・関心をひきやすい。ふだん何気なく見ていた文物に潜むドラマに目を開かれるからである。

さらに、この素材文には、群読特有の技法を招き入れやすい要素が含まれている。異文平行読み・漸増法の群読独特の技法は、その内容から必然的に生まれ、気取り・係り結びの強調・文末の盛り上げと落とし等の音声的指導にも最適である。このような三拍子そろった素材文を探し、生徒に提供したいものである。

第二に、「音声芸能の特質」について、指導者が素養を積んでいることである。氏は幼少の頃から伝統芸能に馴染んで来たといわれる。詩吟・謡曲・唄い・歌舞伎・浄瑠璃・早歌・万歳・平家琵琶…に精通し、西洋音楽や演劇にも通暁しておられる。この域には誰もが到達できるものでもないが、ふだんから注意し、機会をとらえては親しみ、学ぶことならできる。

第三に、子どもへの「優しいまなざし」がある。国語の学習を、認識面だけでなく技能面からも発想し、国語嫌いの子どもにも出番を用意している。それは、個々の生徒の性格や声の特質への配慮にもつながっていたことであろう。

第四に、「発想法と創造意欲」である。多くの伝統芸能に棹さして最新の独創を産む様は、あたかも無数の苗木をやがては大叢林に化育する造化のわざを思わせる。合唱・交響楽等と融合した独自な「交響組曲」に高め、さらに戦後教育に合唱・群読・集団遊びの文化活動を創出し、普及させた功績は大きい。

人の物まねでない独創的な発想法と、あくことのない旺盛な創造意欲や態度をこそ我々は学びたい。一粒に後代の万粒がこもる玩味すべき原点である。

5　高校の授業で――

身体表現としての群読

上越教育大学大学院・修士課程　片桐　史裕

〈解説〉

前任校（新潟県・堀之内高校）の二〇〇一年度、高校三年生選択「国語表現」の授業で、二学期を通して、二コマ続きの授業の一コマを群読の時間に充てた。継続して取り組むことによって、「声を出す」ことは、どんなことかを知ってもらいたかったからだ。

とかく高校国語の授業は、観念的になりがちである。頭の中だけで、著者や話者、登場人物のことを考える授業になってしまう。「いま、ここ」にある自分の身体《からだ》を使って言語を表現することも国語の授業の中で求められるべきである。もっと簡単に言うと、自分の身体を使って表現すること自体が「心地良い」ということを体感してもらいたかったのである。

だから、群読で扱う題材（詩）も、奥深く意味のあるようなものではなく、言葉遊びのようなものを多く選んだ。初期の段階ではお手本を聞かせて、その通りに演じさせたが、二回目以降はシナリオを作ることも活動に入れた。選択「国語表現」の受講人数は一〇名だったので、五人ずつ二つのグループに分かれ、それぞれがシナリオを作った。

同じ題材を扱っても、グループの個性が出て、別のシナリオになり、互いのグループが意識しあって、互いのいいところを取り入れようという雰囲気も出ていた。

ある時間の群読の風景を紹介しよう。

〈読み手〉

四人、または五人構成。それぞれがソロ、アンサンブルを分担。

〈演出ノート〉

教師は「ノリよく」としか指導しなかった。合わせることがまだ不慣れだったので、手拍子をうち、テンポの取り方のみを指導した。また、必要だったら本文自体に語を加えてもいいと指導した。

〈群読脚本〉

①〜⑤の番号はグループのメンバーを表わす。

らっぱ　　　　きじまはじめ

（Aグループ）

①　心配　いらない
②③④⑤　いらない
②　らっぱ　吹きたい
①③④⑤　吹きたい
③　いっさい　がっさい　らっぱ　吹きたい
①②④⑤　吹きたい
④　りっぱ　らっぱ　るっぱっぱ
⑤　りっぱ　らっぱ　るっぱっぱ
①　りりっぱ　ららっぱ　るっぱっぱ
②　りりっぱ　ららっぱ　るっぱっぱ
①②　ふんすい
③④　おっぱい
⑤　いっぱい
全員　のみたい　のみたい

（Bグループ）

①　心配　いらない

②③④　らっぱ
①　吹きたい
③　いっさい　がっさい
①②④　らっぱ
③　吹きたい
①　りっぱ
②　らっぱ
①②　るっぱっぱ
③　りりっぱ
④　ららっぱ
③④　るっぱっぱ
①②　ふんすい
③④　おっぱい
①②　いっぱい
③④　のみたい

Aグループはテンポを重視し、テンポをとるために語の繰り返しを使っている。Bグループは、詩を

高校生も群読にチャレンジ！

忠実に表現し、四名がバランスよく表現できるようなシナリオを作っている。

〈発展〉

数か月続けて群読を扱ったので、各時のふりかえりに生徒の意識の変化が現れていた。

〔初期の頃（九月）〕

①思ったより楽しくできた。前の授業に出なかったので不安がありましたが、笑いもあり、みんなで力を合わせることができて良かったです。恥ずかしさがなくなりました。

②それぞれ読むペースが違い、普通に読むとバラバラになるが、リズムをつけるとまとまりができる。

③工夫が少なかったかな。もう少しアレンジしても良かった。しかも自分が読むところ忘れたし。次回はもっと工夫したいです。

④続けて読むところが難しかった。テープのようにはいかない。声の大きさとかの調節も難しかった。

⑤あと群読の授業が一回だけど、最後も自分たちらしく楽しくやりたいと思います。

〔後期の頃（一二月）〕

⑥ただ読むよりも、動きをつけると楽しくできるし、詩の内容も分かりやすくなった。読み方も少し変えるだけで印象が変わった。

⑦今日はもーっとアレンジできれば良かった。でもそのアレンジがうまくいかなかったから意味ないと思う。今日はみんなでタイミングを合わせるのが大変だった。恥ずかしがったのも悪かった。今日は反省が多いです……。

初期の頃は群読の表現自体に対しての感想が多かったが、後期になると、「楽しさ」に関する感想が出てきた。身体《からだ》を使い表現している自分自身を振り返っている姿がここから伺える。

発表はすべてビデオカメラで記録した。反省として、その映像と音声を各時間の発表後、または次の時間の活動の前に「自己モニター」として、振り返る時間をとればよかったと思う。そうすれば、各自が自分のいい点・悪い点をふりかえり、次の表現に生かすことができたし、他者のいい点を自分に取り入れることができるからだ。表現と鑑賞を一体化する指導をするべきだったと思った

この講座の様子は、わたしのホームページ（アドレスは「執筆者一覧」二三二ページ参照）で視聴できるので、是非ご覧ください。

◆片桐実践に学ぶ◆

※毛利　豊

高校での実践である。歳を取るほどに、とかく恥ずかしさが先にたち、声も小さくなりがちである。それを克服するために、いろいろな工夫をしている。

第一に、「選択授業」で取り上げている点である。あらかじめ言語表現に興味をもって集まってきた生徒を相手にする方が、指導がしやすい。モチベイションが高いからである。まずこういう切り口から入り、群読の楽しさが口コミで広がると、発展的に必修授業や行事でも取り組みやすくなる。

第二に、言葉遊びから始めていることである。脚本の中には、長大で重厚なものがある。しかし、導入ではやはり、取り付きやすいものがよい。二人での掛け合いという簡便なミニ脚本もある。

第三に、はじめはお手本を聞くことから入っていることである。イメージがつかめない初心者には、実物の映像や音声で、こんなのだよと示してやると百万言を尽くすより分かりやすい。

第四に、同じシナリオを複数グループで演じさせる点である。脚本は同じでも、読み手によって個性が出る。それが集団であれば、相乗効果でさらに違ってくる。それを互いに学ばせようというわけである。群読も集団も生き物であることを、子どもは学ぶだろう。

第五に、指導事項がシンプルなことである。あまりたくさん要求すると、初心者は投げ出してしまう。「ノリよく」としか要求していない。これなら子どもたちは、その一点を目指して取り組むだろう。

第六に、創作脚本の特徴を教師が分析していることである。作らせっぱなしではなく、特徴を整理し、意識化している。これは子どもに対しても評価として伝えられ、子どもたちの批評眼をも育てていることだろう。各時ごとに振り返りを書かせ、変容を見ている事実にも通じる視点である。

第七に、映像を録画している点である。これで生徒の集中力が急に高まる点を学びたい。事例研究をする際も、きわめて有用である。

ふっきれた遊び心で群読をすることを通して、青年後期から一歩「大人」に近づかせた実践である。

第2章　学級・学年・全校活動の中の群読

1　小学校での実践

学級群読大会

兵庫県・神戸市立横尾小学校教諭　深沢　英雄

〈解説〉

六年生の教室に入って、やさしく「おしゃべりをやめなさい」と言ってもなかなか静かにならない。ほっておくと、年がら年中、ぺちゃぺちゃとおしゃべりばかりする子が多くなってきた。ちょっとした隙間があると、しゃべりはじめる子もいる。そのくせ、教科書を読ませると暗い、小さな声でしか読めない。話し合い活動になると、「シーン」として発言ができないのだ。みんなの前で自分の意見を言えない、みんなに聞こえるように話せない子が増えてきている。

私的な空間では自分を出せるが、学級というやや広い集団になると、自分を出せないのである。「しゃべる」ということは、社会と集団に対する自己表現であって、相手に通じなければならないのに、高学年になっても自己中心の世界から抜け出さないのである。子どもの「からだ」や「こころ」が閉じてきているのである。

新しい班になったときも、同じ班になった友だちの様子をうかがっている。この状況を拓くために「群読」に取り組んだ。

そこで新しい班が編成された時に、学級活動として「群読（ことば遊び）集会」を開いた。

ねらいは二つ。

①群読を通じて新しい班員と一緒に声を出すことで、理解し合う。

②ことば遊びをつうじて、声を出すことの楽しさを知る。

班は六つあったので、私が「ことば遊び」の詩としてふさわしいものをいくつか紹介した。詩の本も用意して、その中から選んでもよいことにした。

選んだ詩は、「お経」「寿限無」「そうだ村の村長さん」「早口ことばのうた」「きりなしうた」「いるか」である。

班員の数は六人で男女混合班である。それぞれの班で、ソロ、アンサンブル、コーラスを決めた。

【一班の群読】「お経」　阪田寛夫（深沢＋一班の子どもたち編）

〈演出ノート〉

お経の節回しのように、同じリズムであまり高低の変化をつけずに読む。一回目は、ソロで読み、二回目の読みで人数を増やしていく。木魚の代わりに、音楽室から借りて、ウッドブロックをたたいてリズムをつけ、いい終わったあと、トライアングルで「チーン」とたたくとおもしろい。

ソロ　電車馬車自動車
ソロ　人力車力自転車
ソロ　交通地獄通勤者
ソロ　受験地獄中高生
ソロ　合唱練習土曜日
ソロ　空腹帰宅晩御飯

1　電車馬車自動車
＋2　人力車力自転車
＋3　交通地獄通勤者
＋4　受験地獄中高生
＋5　合唱練習土曜日
＋6　空腹帰宅晩御飯

全員　空腹帰宅晩御飯（ばんごはん……）とのばす。最後に「チン」と音をならす。

【二班の群読】「寿限無」（深沢＋二班の子どもたち編）

〈演出ノート〉

「寿限無」の名前を言うところをアンサンブルで、あとはソロで読ませる。「寿限無」の名前は三回でてくるが、一回目はゆっくりと、二回目は少しスピードをあげて、三回目はかなり速いスピードで読む。

1　あらまあ、金ちゃん、すまなかったねえ。
2　じゃあなにかい、うちの
コーラス　寿限無寿限無、五劫のすりきれ、海砂利水魚の水行末、雲来末、風来末、食う寝るところに住むところ、やぶらこうじのぶらこうじ、パイポパイポ、パイポのシューリンガン、シューリンガンのグーリンダイ、グーリンダイのポンポコピーのポンポコナの長久命の長助
3　が、おまえのあたまにこぶをこしらえたって、まあ、とんでもない子じゃあないか。
4　ちょいと、おまえさん、聞いたかい？　うちの
コーラス　寿限無寿限無、五劫のすりきれ、海砂利水魚の水行末、雲来末、風来末、食う寝るところに住むところ、やぶらこうじのぶらこうじ、パイポパイポ、パイポのシューリンガン、シュー

5　リンガンのグーリンダイ、グーリンダイのポンポコピーのポンポコナの長久命の長助が、金ちゃんのあたまへこぶをこしらえたんだとさ。

6　じゃあなにかい、うちの

コーラス　寿限無寿限無、五劫のすりきれ、海砂利水魚の水行末、雲来末、風来末、食う寝るところに住むところ、やぶらこうじのぶらこうじ、パイポパイポ、パイポのシューリンガン、シューリンガンのグーリンダイ、グーリンダイのポンポコピーのポンポコナの長久命の長助が、金坊のあたまへこぶをこしらえたっていうのか。

1　金坊、どれ、みせてみな、あたまを……なーんだ、こぶなんざあねえじゃあねえか。

2　あまり長い名前だから、こぶがひっこんじゃった。

全員

【三班の群読】「そうだ村の村長さん」　阪田寛夫（深沢＋三班の子どもたち編）

〈演出ノート〉

アンサンブル①（1〜3）　アンサンブル②（4〜6）

手拍子しながら読むとリズムがつく。「ウッソーだって」のところは、転調して言い方を変えると変化がつく。動作もつける。最後の「とろけるゆめみてねたそうだ」はゆっくりと読み、寝る動作を全員でする。

アンサンブル①　そうだむらの　そんちょうさんが
アンサンブル②　ソーダのんで　しんだそうだ
アンサンブル①　みんながいうのは　ウッソーだって
アンサンブル②　そんちょうさんがのんだソーダは
アンサンブル①　クリームソーダのソーダだそうだ
アンサンブル②　おかわり十かいしたそうだ
アンサンブル①　うみのいろしたクリームソーダ
アンサンブル②　なかでおよげばなおうまそうだ
アンサンブル①　クリームソーダのプールはどうだと
アンサンブル②　みんなとそうだんはじめたそうだ
アンサンブル①　そうだむらではおおそうどう
アンサンブル②　プールはつめたい　ぶっそうだ
アンサンブル①　ふろにかぎるときまったそうだ
アンサンブル②　そうだよタンサンクリームおんせん
アンサンブル①　あったかそうだ　あまそうだ
アンサンブル②　おとなもこどもも　くうそうだけで

全員　とろけるゆめみてねたそうだ（ゆっくり）

【四班の群読】「早口ことばのうた」　藤田圭雄（家本芳郎編）

〈演出ノート〉

緩急を大きくつけて読むと効果的である。「早口ことばをしってるかい」から「あたまをひやしてしゃべるんだ」までは、これ以上ゆっくり読めないほどゆっくり読み、「生麦、生米、生卵」になったら徐々にスピードをあげていく。

最初に出てくる「交響曲　歌曲　協奏曲」ではわざとまちがう。最後はもうこれ以上早くできないぐらいのスピードで読む。失敗しないように、ぴたっと決まるとかっこいい。

1　早口ことばを知ってるかい
2　おやゆびしっかりにぎりしめ
3　くちびるじゅうぶんしめらせて
4　あたまをひやしてしゃべるんだ
2　生麦
＋3　生米

＋4　生卵
全員　生麦　生米　生卵
全員　生麦　生米　生卵
5　むずかしそうだがなんでもない
6　おへそにちからをいれるのさ
1　ほっぺたよくよくもみほぐし
2　あおぞらみつめてしゃべるんだ
全員　（乱れ読み）交響曲　歌曲　協奏曲　交響曲　歌曲　協奏曲
舌がもつれて、うまく言えない。頭をかいて首ひねる。まちがったように見せる。
2　だれなの
＋3　みてたの
＋4　きいてたの
1　れんしゅうちゅうだよ
23　だめですよ
1　ひとりじゃてれるよ
456　まごつくよ

１２　ふたりでなかよくしゃべろうよ
３４　消防車　清掃車　散水車
５６　消防車　清掃車　散水車
全員　生麦　生米　生卵
　　　交響曲　歌曲　協奏曲
　　　消防車　清掃車　散水車
　　　「イエーイ」（と、ピースでポーズ）

【五班の群読】「きりなしうた」　谷川俊太郎（深沢＋五班の子どもたち編）

〈演出ノート〉

ソロとアンサンブルの繰り返しで読んでいく。「しゅくだいはやくやりなさい」の後、「おなかがすいてできないよ」と答える表現で、動作を入れるといい。「おなか」をおさえたり、歯をおさえて「むしば」を表すなど工夫をしていく。

　　ソロ　しゅくだいはやくやりなさい
アンサンブル　おなかがすいてできないよ
　　ソロ　ホットケーキをやけばいい

アンサンブル　こながないからやけません
ソロ　こなはこなやでうってます
アンサンブル　こなやはぐうぐうひるねだよ
ソロ　みずぶっかけておこしたら
アンサンブル　ばけつにあながあいている
ソロ　ふうせんがむでふせぐのよ
アンサンブル　むしばがあるからかめません
ソロ　はやくはいしゃにいきなさい
アンサンブル　はいしゃははわいにいってます
ソロ　でんぽううってよびもどせ
アンサンブル　おかねがないからうてないよ
ソロ　ぎんこうへいってかりといで
アンサンブル　はんこがないからかりられぬ
ソロ　じぶんでほってつくったら
アンサンブル　まだしゅくだいがすんでない
全員　あーあー

【六班の群読】「いるか」　谷川俊太郎（深沢＋六班の子どもたち編）

〈演出ノート〉

一連は、唱導方式でソロの後に、コーラスがつづくようにする。二連は、「いるかいないか」をアンサンブル①のグループが読んだあとに、アンサンブル②が「いるかいないか」と追いかけて読んでいく。歌の輪唱のように読んでいく。最後の繰り返し二行は、全員で読む。

ソロ、アンサンブル①三人、②三人、コーラス（ソロ以外）

ソロ　　いるかいるか
ソロ　　いないかいるか
コーラス　いるかいるか
コーラス　いないかいるか
ソロ　　いないいないいるか
ソロ　　いつならいるか
コーラス　いないいないいるか
コーラス　いつならいるか
ソロ　　よるならいるか
ソロ　　またきてみるか

コーラス　よるならいるか
コーラス　またきてみるか

アンサンブル①　いるかいないか
アンサンブル②　いないかいるか
アンサンブル①　いるいるいるか
アンサンブル②　いっぱいいるか
アンサンブル①　ねているいるか
アンサンブル②　ゆめみてみるか
全員　ねているいるか
全員　ゆめみてみるか

〈発展〉

学級群読大会当日は、どの班も緊張したおももちだった。最初は「お経」の一班だった。聞いている班から思わず、笑いがこぼれた。一番目の班が終わったあと、二番目に発表する班から最初の班への批評をする。三つほめるようにしている。

「お経のような読み方がよかった。ウッドブロックとトライアングルの音もよくあっていました」「全員、すわってきちんと礼ができていました」「大きな声で発表ができていました」と感想が出された。すべての班の発表が終わったあと、「先生、お経の班をもう一度聞きたいです」とアンコールが起こった。少し照れながら「お経」の班の二回目の発表がはじまった。

群読大会の日の掃除の時間には、「そうだ村の村長さん」や「早口ことばのうた」を口ずさみながら、ほうきを動かす子の姿も見られた。

「お経」を読んだ班にYくんという子がいた。背はわたしと同じくらいあった。声がわりをしていて、低音の声である。四月の頃ほとんど声を出さない。本読みが回ってきても、蚊のなくような声の子である。教師に話がある時も、耳元まで口を近付けて「先生、〇〇していいですか」と言いにくる子だった。「お経」という詩を読むのに、低音の声はぴったりであった。この「お経」の群読をしてから声を出すことに抵抗が少しずつなくなっていった。六年生の冬季野外活動では実行委員に立候補し、あいさつするまでになった。

また、群読を班で経験することが、話し合い活動の準備以前の基礎作業にも役立ってくる。なかなか発言できない子もいる。その時、日々の授業の中で声を出させていく。教材を一人読みでなく、グループで斉読させる。一種の群読である。答えを言うときにも、いっせいに声を出させる。ソロ（一人）だけでなく、アンサンブル（班の人）、コーラス（クラス全員）で表現させることで、学級の文化活動としての群読が授業にもからんでくる。

◆深沢実践に学ぶ◆

※重水　健介

私的な会話はできても、授業や話し合いのようなな公的な場面では自分の意見を言えない子どもが増えている。そうした状況の克服に、学級行事を通して挑んだ実践である。この報告から次の四点を学んだ。

第一は、活動を通して指導したことである。

ふつう、子どもたちに向かって「堂々と発表しよう」と、教師が働きかけていく例が多い。しかし、深沢先生は、群読を用いて、子どもの発言力を育てようとした。認識と行動を通して子どもの生きる力を育てるという、鋭い教育理念をみることができる。

第二は取り上げた題材のおもしろさである。

報告された六つの作品は、どれも、ことば遊びの題材として、じつにおもしろい。内容も小学校六年生にふさわしく、実際に声に出すことで、その楽しさを子どもが実感できる作品である。深沢先生の群読研究の深さを学びたいものである。

第三は、子どもたちによる批評である。

自分の意見を述べる力は、人の意見を聞く力と一体となったとき本物になる。その意味で他のグループの発表を批評させたことは、たいへんすぐれている。

さらに、その内容がいい。子どもの批評に、「お経のような読み方がよかった」「きちんと礼ができていた」「大きな声が出ていた」とある。この三つの批評の視点は、知育・徳育・体育という教育のめざす三領域をとらえており、批評のセオリーとして参考になる。

また、子どもたちもセオリーにそった見事な批評をしている。深沢先生の慧眼とその指導力に感嘆するばかりである。

第四は、群読後の子どもの変化である。

無口だったYくんが、その後の野外活動で実行委員に立候補し、代表としてあいさつするまでに成長した記述がある。群読で得た力が、子どもの体に蓄積した成果である。子どもの心と体をひらく活動とは、こういうことをいうのだろう。

群読を通して、子どもの抱える諸問題の克服に明るい展望を与える実践報告であった。

一年の総括――「これがみんなの一年間」

大分県・日出町立大神小学校教諭　姫野賢一

〈解説〉

三月、どの学年も一年間を締めくくる大切な時期になる。この時期は、一年間のいろいろな活動の思い出を、文集にしたり、写真集にしたりと、様々な形で一年間の足跡として残したい時でもある。そして、三月だからこそ、年間を通して続けてきた群読をまとめていくことも考えたいところである。「形あるもの」として残していくことも大事なことではあるが、みんなと共に創り上げ、群読活動をしている瞬間を一つの思い出作品として仕上げることも、文集や写真集などと同じことになると考えている。二年生の一年間を身体に刻み、思い出として残せると考え、オリジナル作品へ挑戦した。

この群読は、まず、それぞれの子どもたちに、各々の思い出をアンケートへ記入してもらった。アンケートの項目は、「二年生のときで、一番思い出に残っている場面」を思い出してもらい、ナンバーワンの思い出を一つだけ、子どもたち一人ひとりに書いてもらった。

その項目は、①どんな季節に、②どんなことで、③そのときの気持ち、の三つだけを設定した。特に、③の気持ちは、通常の言い方（「楽しかった」「うれしかった」など）でもよいが、できるだけその時の気持ちを、擬声語や擬態語で書いてもらうようにした。そして、教師が、子どもたちにとっての共通したできごとをピックアップして、群読のシナリオを作成した。

一年間を通して続けてきた群読活動なので、子どもたちは、長くて難しい作品に挑戦することを望んでいた。

〈読み手〉

A・B・C・Dの四つのグループに分かれる。

Aグループは、一三人で、全員ソロ（a b c d e f g h i j k l m）、ソロは、五〜一四行程度を、個人読みしていく（希望割り当て）。

Bグループは、一二人でアンサンブル。

CとDのグループは、各三〇人のコーラス1とコーラス2。

〈演出ノート〉

Aグループは、四人縦隊になり、三列つくる。Bグループは、三人縦隊の二列つくり、Aグループの横両隣にかたまる。Cグループは、一五人ずつの二チームに分け、Bグループの横両隣位置にかたまる。Dグループの二チームそれぞれは、五人縦隊の三列をつくる。Dグループは、Cグループと同様に配置する。

全体の隊形は、ABグループの両脇に、C・Dグループが分かれ、ステレオのスピーカーのように並ぶ。

〈群読脚本〉

ソロ（A）	アンサンブル（B）	コーラス1（C）	コーラス2（D）
a　はる			
a　はる・はな	はる・はる		
a　はる・はな	はる・はな	はる・はな	
a　はる・はる	はな・はる	はな・はる	はる・はる
a　はる	はる	はる	はる
○	○	○	○
b　二年生になって			
b　二年生になって	二年生になって		
b　ワクワクドキドキ			ドッキンドッキン
	ワクワクドキドキ	ワクワクドキドキ	
			ワクワクドキドキ
		ワクワクドキドキ	

b　ワクワクドキドキ	b　ワクワクドキドキ	b　みんなで二年		b　みんなで二年		b　二年生になった	○○		c　ワクワクドキドキ				c　さくらが	c　さくころ	c　にゅうがくしきで	
	ワクワクドキドキ					二年生になった	○○			パラパラチラホラ		チラチラパラパラ				
			みんなで二年			二年生になった	○○	パラパラチラホラ			パラパラチラホラ			さくころ		
					みんなで二年	二年生になった	○○			チラホラチラチラ	チラホラチラホラ					にゅうがくしきで

c　おむかえした
c　おむかえした
c　おむかえした
c　むかえたむかえた
c　むかえたむかえた
○
かわいい
一年生
みんで
おおきくなった
○　○

一年生を
おむかえした
おむかえした
むかえたむかえた
むかえたむかえた
一年生
ひとつ
おおきくなった
○　○
ミーン　ミーン
ミーン　ミーン

どっきりどっきり
どっきりどっきり
どっきりどっきり
一年生
おおきくなった
おおきくなった
○　○

どっきりどっきり
どっきりどっきり
一年生
おおきくなった
○　○
ミーン　ミーン

		ミーン　ミーン	
		ミーン　ミーン	ミーン　ミーン
		ミーン　ミーン	ミーン　ミーン
		ミーン　ミーン	ミーン　ミーン
d　せみのなきごえ			
		せみのなきごえ	
d　ギラギラサンサン			
			ギラギラサンサン
d　お日さまお日さま			
	ニコニコサンサン		
	ニコニコサンサン		
	ニコニコサンサン	サンサンギラギラ	
	ニコニコサンサン	サンサンギラギラ	
	サンサンギラギラ	サンサンギラギラ	ギラギラキンキン
	ニコニコサンサン	サンサンギラギラ	ギラギラキンキン
d　お日さまは			
	お日さまは		

d　プールへ			
	プールへ？		
d　プールに！			
		プールに？	プールに？
d　さそってくれる			
		さそってさそって	バタバタピチピチ
	さそってさそって	さそってさそって	ピチピチバタバタ
		ザブザブザブザブ	ピチピチバタバタ
	バチャンバチャン	ザブザブザブザブ	ピチピチバタバタ
	バチャンバチャン	ザブザブザブザブ	ピチピチバタバタ
	バチャンバチャン	ザブザブザブザブ	ピチピチバタバタ
e　およげたおよげた			
e　およげたおよげた	およげたおよげた		
e　水えいの			
	じかん		
e　水えいのじかん	水えいのじかん	水えいのじかん	水えいのじかん
e　うずまきはじめて			

	グルグルスゥー		
		スイーのスイスイ	
			スイーのスイスイ
e　うずまきうずまき			
e　うずまきうずまき	くるくるくる		
e　うずまきうずまき	くるくるくる		
e　うずまきうずまき	うずまきうずまき	くるくるくる	
e　うずまきうずまき	うずまきうずまき	くるくるくる	くるくるくる
e　うずまきうずまき	うずまきうずまき	うずまきうずまき	くるくるくる
e　うずまきうずまき	うずまきうずまき	うずまきうずまき	うずまきうずまき
e　大きな川に			
			大きな川に
		なっちゃった	
			おぼれるおぼれる
		おぼれるおぼれる	おぼれるおぼれる
	おぼれるおぼれる	おぼれるおぼれる	
	おぼれるおぼれる		

e	おぼれちゃう			
	○	○	○	○
f	およいでおよいで			
f	およいでおよいで	およいでおよいで		
f	およいでおよいで	およいでおよいで	およいでおよいで	
f	およいでおよいで	およいでおよいで	およいでおよいで	およいでおよいで
f	うまく なりました			
			そうですそうです	
			そうですうんうん	うんうんうんうん
	○ ○	○ ○	○ ○	○ ○
g	せみのなきごえ			
		しずかになって		
g	あきぞら			
		たかく		
		げんきはつらつ		
			げんきはつらつ	げんきはつらつ
g	やってきました			

g　かけっこかけっこ
g　かけるぞかけるぞ
g　コロコロドッスン
○

うんどうかい
タッタカタのタ
タッタッタッ
玉はこび
タッタカスットン
○

うんどうかい
かけっこかけっこ
コロコロスットン
コロコロコロコロ
スットンスットン
タッタカスットン
○

うんどうかい
タッタカタのタ
タッタッタッ
スットンコロコロ
スットンスットン
コロコロコロコロ
タッタカスットン
○

g おどりはコスモス			
	ビィーム		
g シュワッチ	シュワッチ	シュワッチ	シュワッチ
g フサフサきれいに			
g 赤・青・みどり			
	カラフルカラフル	赤・青・みどり	
g ピンクに黄色と	カラフルカラフル		
	カラフルカラフル		ピンクに黄色と
	カラフルカラフル		
g フサフサつかって			
	おどりました		
		オーダンシング	おどりました
○	○	○	○
h おちばさがしの			
	十月に		
h おちばさがしの			
		①カサコソカサコソ	

		カサコソカサコソ	カサコソカサコソ
	カサコソカサコソ		
			カサコソカサコソ
h　バスえんそく			
	バスえんそく	バスえんそく	バスえんそく
h　あるいたあるいた			
h　あるいたあるいた	あるいたあるいた		
		ぶんか公園	ぶんか公園
h　どんぐりひろい			
	どんぐりひろい		
	どんぐりひろい	どんどんぐりぐり	どんどんぐりぐり
	どんぐりひろい	ぐりぐりどんどん	ぐりぐりどんどん
h　どんといっぱい			
	ひろってひろって		
	ひろいました	ひろってひろって	
	ひろいました	ひろってひろって	
			ひろいました

h 雨がぱらぱら			
h ぱらぱらしんしん	ぱらぱらぱらぱら		
	しんしんぱらぱら	ぱらぱらぱらぱら	
		しんしんぱらぱら	ぱらぱらぱらぱら
	しんしんぱらぱら		しんしんぱらぱら
h ふってきたけど			
h すべりだいに			
h ブランコで			
h いっぱい			
	いっぱい	いっぱい	いっぱい
	いっぱい	いっぱい	いっぱい
			いっぱい
h あそんだよ	あそんだよ		
		あそんだよ	あそんだよ
○ ○	○ ○	○ ○	○ ○
	ヒューヒュー		
i 北風			

		さむいとき	
			さむいとき
i　マラソンなわとび			
	はじまった		
		はじまった	はじまった
i　とってもさむい			
	とってもさむい		
		おおさむこさむ	
			おおさむこさむ
		おおさむこさむ	おおさむこさむ
		こさむこさむ	おおさむおおさむ
	おおさむこさむ	ブルブルガタガタ	ガタガタブルブル
	おおさむこさむ	ブルブルガタガタ	ガタガタブルブル
i　じめんがこおって			
	ガサガサゴツゴツ		
		ガサガサゴツゴツ	
i　ゆーきがふって			

i それでもマラソン

i 百しゅうめざして

i まえとびあやとび

i こうさとび

i なわとびトントン

ぺちゃぺちゃ

がんばって

はしったよ

一二三四

ぴょんぴょんぴょんぴょん

はしったよ

五六七八

トントントンの

トントントン

ぺちゃぺちゃ

はしったよ

九十

トントントン

	ぴょんぴょんぴょん		
			トントントン
j　中休みや昼休み			
	昼休みや中休み		
j　サッカードッジを			
	たくさんたくさん		
		なげてけって	
		なげてなげて	けってけって
		なげてなげて	けってけって
		けってなげて	なげてけって
j　あそんだよ			
	モリモリ元気に		
j　あそんだよ	あそんだよ	あそんだよ	あそんだよ
○	○	○	○
j　雪がふったら			
	雪だるま		
		雪だるま	雪だるま

j チラホラドカドカ			
		チラホラドカドカ	
j ドカドカチラホラ			
			ドカドカチラホラ
j キラキラキラキラ			
j キラキラキラキラ	キラキラキラキラ		
j キラキラキラキラ	キラキラキラキラ	キラキラキラキラ	
j キラキラキラキラ	キラキラキラキラ	キラキラキラキラ	キラキラキラキラ
j 氷がきれいに			
	キラキラキラキラ		
	キラキラキラキラ	キラキラキラキラ	キラキラキラキラ
	キラキラキラキラ	キラキラキラキラ	キラキラキラキラ
j かがやいた			
j かがやいた	かがやいた	かがやいた	かがやいた
○	○	○	○
k 一年間のもの語			
	一年間のもの語		

k	もうすぐもうすぐ			
		もうすぐもうすぐ	もうすぐもうすぐ	もうすぐもうすぐ
			もうすぐもうすぐ	もうすぐもうすぐ
				もうすぐもうすぐ
k	三年生			
k	三年生	三年生	三年生	三年生
k	勉強運動お掃除に			
k	いっぱいいっぱい			
		がんばるがんばる		
k	いっぱいいっぱい			
			がんばるがんばる	
k	いっぱいいっぱい			
				がんばるがんばる
l	いっぱいいっぱい	②グングングングン	ガンガンガンガン	ドンドンドンドン
l	いっぱいいっぱい	グングングングン	ガンガンガンガン	ドンドンドンドン
l	いっぱいいっぱい	グングングングン	ガンガンガンガン	ドンドンドンドン
l	いっぱいいっぱい	グングングングン	ガンガンガンガン	ドンドンドンドン

l いっぱい	グングン	ガンガン	ドンドン
l いっぱい	グングン	ガンガン	ドンドン
	グン		
			ドン
		ガン	
○	○	○	○
m 春夏秋冬			
	春夏秋冬		
m 春夏秋冬			春夏秋冬
		春夏秋冬	
m これがみんなの			
m 一年間			
m 一年間	一年間	一年間	一年間
○	○	○	○
m おしまい	おしまい	おしまい	おしまい

[注] ①「カサコソカサコソ」は、無声音に近い読み方をする。カサカサの葉っぱ（枯れ葉）をイメー

ジして読む。

②「グングングングン　ガンガンガンガン　ドンドンドンドン」以降の読み方は、漸増法的に読み上げ、声の音量を増やしていく。

〈発展〉

各パートの感想です。

・ソロ（Aグループ）の感想

わたしは、はじめてソロになって、口を大きくあけて大きな声で自分のところをよみました。早くよむところは、ちゅういをしてよみました。むすがしいところもあったけど、がんばりました。

・アンサンブル（Bグループ）の感想

長くて、長くて、六行も、のどがガラガラになりそうでした。ほんとうに長いので、くうきをいっぱいすって、がんばりました。何回もれんしゅうするとむずかしくなかったけど、本当に長かったです。

・コーラス1（Cグループ）の感想

せみのなきごえミーンというところが、ほんもののせみみたいだった。「ガンガン」や「グングン」というところが、だんだんおおきくなってよかった。「キラキラ」というところが、ほんとうにキラキラかがやいているようにきこえて、よかった。

・コーラス２（Ｄグループ）の感想

「これがみんなの一年間」と名前がついたとき、がんばろうという気がして、自分たちの力をあわせるとすごいなぁと思いました。やっていると、楽しくて、楽しくてたまらなかったです。とくに、わたしが気にいっているところは、「カサコソ、カサコソ」のところです。わけは、心をいやしてくれるようなかんじだからです。これからも、時間があるとき、ぐんどくをいっしょうけんめいやろうと思っています。

・この群読をしての感想

みんなのぐんどくで、わたしは、「春は、こうだったかな。」とか、「夏、秋、冬、たのしかったなぁ」とか、ほかにもいろいろ思いました。とても、かんげきなぐんどくでした。とても、よかったです。あと、二年生も、ぐんどくもおわったな。「二年生から三年生まであとわずかだな」と心からさけびました。

◆◆姫野実践に学ぶ◆◆

✻毛利　豊

学年の一年間の締めくくり（総括）を、群読で行ったという特異な実践である。そこには、子どもたちの深い思い出が、教師の巧みな技によって凝縮されている。学ぶべき点はたくさんある。

第一に、ネーミングである。「一年○組の思い出」でもなく「一年間を振り返って」でもない。「これがみんなの一年間」――テーマ性がダイレクトに打ち出されていて、魅力的である。子どもたちの「がんばろう」というやる気をかきたてている。

第二に、年間の思い出を、四季折々の風物と合わせて記したことである。それによって、その時々のにおい・吹く風の感触・食べたものの風味までも、子どもたちは思い出したのではないか。そして、泣き出したくなるような郷愁にさえもかられたのではないかと思われる。

第三に、擬声語・擬態語を意識して取り上げていることである。これはいかにも群読にふさわしい。コーラスを効果音のように使うことが多いからである。

第四に、同じような言葉も、よく見ると微妙に変化がつけてある。一字違い・回数違い・逆順・アクセント付けによる対話調への変化など、様々である。読み手を集中させ、聞き手を飽きさせない効果を持っている。

第五に、グループの配列である。A～Dの配置は、聞く側にとって大きな印象の違いとなる。脚本をつくるときには、留意したい点である。

第六に、子どもと教師とで「合作」している点である。これなら、無理なく、誰でも作りやすい。子どもにアンケートをとり、盛り込む題材を決め、あとは教師の詩心で脚本化する。すべて教師がしなくてはとか、すべて子どもから出て子どもで完結しなくてはと、気負う必要もない。

やりやすい形で、子どもの力も借りて、いっしょにつくっていく。この実践的な態度をこそ学びたいものである。

学習発表会で元気に「あめ」

北海道・北桧山町立北桧山小学校教諭　加藤　恭子

〈解説〉

わたしが、初めて群読を知ったのは、教師人生一年目、三年生を担任した時の学習発表会だった。わたしには劇の経験しかなく（どうしよう、何をすればいいんだろう）、そんな時に、手にしたのが群読の本だった。踊りの指導は自信がないし、他には何も思い浮かばない。子ども一人ひとりを主役にしたい、まとまりのよさもみせていきたい。「よし群読だ！」と思った。そして選んだのは「あめ」（山田今次）。

その時は、その詩の持つ意味をじっくり考えることもなく、ただ、「言葉（音）がおもしろい」「じっくりやっても子どもたちがあきないだろう」「元気よくやれそう」ということで、この詩を選んだのだった。

最初の日、みんなで「あめ」の詩をふつうに読んで、どこがおもしろいかを子どもたちに出させた。「『ざかざん』とか『ざんざか』とか、いっぱい雨の音があるところ」「繰り返しがいっぱいあっておもしろい」

子どもたちも興味を示したので、ますます意を強め、「みんなが主役になれるよう、先生が脚本作るから。でも、やっていく中でこうした方がいいってところはみんなで変えていこうね」

わたしの頭のなかには「元気のよい三年生にふさわしい群読」という図しかなかったので、ひたすら「元気よくやろう」と考え、シュチエーションも「学校帰りの子どもたちが雨に遭う」と設定し、登場人物も「学校帰りの子ども」と「あめの子」ということにした。

一六人の児童に合わせて、群読のシナリオを作った。練習に先立ち「一六人の誰かが欠けても『あめ』はできないし、自分を信じて、友だちを信じて声を合わせていこうね」と話した。

〈読み手〉

学校帰りの子ども　①〜⑧

あめの子　①〜⑧

〈群読脚本〉

チャイムの音、子どもたちが舞台そでから出てくる。舞台中央で固まっておしゃべり。その背後をあめの子たちがこっそりと取り囲む。

あめ　**山田今次**（加藤編）

子ども①　あめ（ふと気付いたように）

あめ①　あめ（にっこりと）
子ども②　あめ
あめ②　あめ
子ども③　あめ
あめ③　あめ
子ども④　あめ
あめ④　あめ
子ども⑤⑥　あめ（残念そうに）
あめ⑤⑥　あめ（得意そうに）
子ども⑦⑧　あめ
あめ⑦⑧　あめ
子ども全　あめ（あきらめたように）
あめ全　あめ（うれしそうに）
子ども全　あめはぼくらを　ざんざか　たたく
あめ①～④　ざんざか　ざんざか
あめ⑤～⑧　ざんざん　ざかざか
あめ全　ざんざか　ざんざか　ざんざん　ざかざか

子ども全　ざんざか　ざんざか　ざんざん　ざかざか
あめ①〜④　あめはざんざん　ざかざか　ざかざか（小さめに）
あめ⑤〜⑧　あめはざんざん　ざかざか　ざかざか（大きめに）
子ども①②　ほったて
子ども①②③④　ほったて
子ども全　ほったてごやを
あめ①②　ねらって
あめ①②③④　ねらって
あめ全　ねらってたたく
子ども①②　ぼくらの
子ども①②③④　ぼくらの
子ども全　ぼくらのくらしを
あめ①②　びしびし
あめ①②③④　びしびし
あめ全　びしびしたたく

〈子どもたちの感想とその後〉

カサをもち、カッパを着てみんなで「あめ」

・「あめ」すごくきんちょうしてかっちかちになったよ。終わって、ばっちゃんが「うまがったな」って言ってくれてとてもうれしかったよ。
・ぼくたちの出し物は「ぐんどく」っていって、歌みたいでとてもおもしろかったよ。
・すわってスポットがあたって、あっというまにおわった気がした。この学習発表会はわすれないと思います。
・一六人で全校で一番すくないけど、うまくできたとおもうよ。家に帰ったらほめられたよ。
・いつもやってるようにやったらきんちょうしなかったよ。家に帰ってお父さん、お母さんにほめられてうれしかったよ。来年は何をやるのか楽しみ。
・一番どきどきしたのが『あめ』だったの。わたしがんばったんだけど、やっぱり声があんまし出なかったの。でも、みんなでがんばったんだよ。来年の学習発表会もみんなといっしょにやりたいけど、ひっこすからできないかな。また楽しい学習発表会にしたいな。

〈発展〉

この取り組みで、子どもたちは「声を合わせる楽しさ」を体得したようだった。もともと歌や音読が好きな子どもたちだったが、合唱では輪唱や二部合唱に意欲的に取り組み、国語の授業だけでなく、日直や学級会、お楽しみ会の司会なども声をそろえたり、群読形式で行ったりするようになった。声の小さい人がいればそろえて言うことで助ける、一つのことをみんなで言うことで一体感が味わえる、びしっと決まったあとの達成感……そういったものが子どもたちをまとめていった。

わたしが感じた群読のよさ、それは「一人はみんなのために、みんなは一人のために」を、身をもって体験させせられるということだ。群読は一人の出番と仲間との出番があり、誰かが欠けても成立しない。

その後、言語不明瞭で口数の少ないM子を中心に、有志数名で放課後に取り組んでいる。短めの詩をゆっくりとしたペースでみんなで声を出して読む。誰かが読んでM子が続けて読む。M子が読んで誰かが続ける。声を出すことすらあまりないM子が楽しんで声を出せるように、そんな取り組みを、群読を通して行っている。M子のしゃべり声がだんだんと大きくなってきた。そんな変化がうれしい。

声を出す楽しさ、仲間と力を合わせる楽しさ、そういったものを今後も群読を通して子どもたちに伝えていきたいと思う。

◆◆加藤実践に学ぶ◆◆

※重水　健介

加藤先生は、「子ども一人ひとりを主役にしたい」というねらいをもって、まとまりのよさもみせたい」というねらいをもって、学習発表会で群読を取り上げた。この実践から、大きく次の三つのことを学んだ。

第一は、群読教材の学習からはじめたことである。

群読は、たんに大きな声が出せたか、声がそろっていたかという技術的なことに目がいきがちだが、加藤先生は作品の学習からはじめている。群読は、作品理解の深まりに見合って、その表現も豊かになるというセオリーがある。教師が詩を読み、「どこがおもしろいか」を問い、「こうしたほうがいいというところはみんなで変えていこう」と、子どもの学習をうながしていく。そのことが「ふと気づいたように」「にっこりと」「残念そうに」などの、いろいろな「あめ」の読み方を導いた。

第二は、場面設定のおもしろさである。

登場人物を「学校帰りの子」「あめの子」に分けているが、「あめ」に人格を持たせた点がユニークである。「だれもが主役に」という加藤先生の意図が貫かれている。先に述べた、さまざまな雨を「あめの子」自身が表現しているが、このような役割分担の技法があったか、と加藤先生の柔軟な発想に驚く。

第三は、群読で得た力の発展である。

加藤学級では、群読が行事における発表で終わることなく、学級活動の活性化につながっている。その後の合唱の高まりや、授業や学級会などにみる子どもたちの姿からそれがわかる。加藤先生が伝えようとした「声を合わせる楽しさ」を確実に子どもが身につけてきたということである。また、寡黙なM子が、まわりの子どもたちの支えによって声を出せるようになったことにも、群読活動の成果を見ることができる。

群読を契機として学級が高まり、一人ひとりの子どもを伸ばす力につながるという、群読教育の理想に迫る実践として高く評価されるだろう。

朗読劇「ちいちゃんのかげおくり」に挑戦

長野県・伊那市立西春近北小学校教諭　吉田　靖

〈解説〉

「ちいちゃんのかげおくり」（あまんきみこ）は、読むたびに胸が熱くなる作品である。五年前、音楽会で、あるクラスが発表した「合唱組曲　ちいちゃんのかげおくり」を見た感動は今も忘れることができない。合唱組曲はちょっと無理。でも、群読でならできる！　と、「ちいちゃんのかげおくり」を群読で表現する活動に、子どもたちと取り組んでみた。

授業で音読に力を入れてきた子どもたちだったので、文章を読むことに対しての抵抗感は少なく、三年生の国語教材の「ちいちゃんのかげおくり」も、早い段階からスラスラと読める子どもが多かったが、「表現する」というのは、小さい子どもにはなかなか難しいことでもあった。子どもたちは、祖父母参観日におじいさんやおばあさんに聞いてもらうことを目標に懸命に練習を続けた。

〈読み手〉

登場人物

ちいちゃん
父
母
兄
おじさん
おばさん
ナレーター＝地の文を読む　残りのクラス全員で分担
アンサンブル　ナレーターが兼ねる
コーラス　ナレーターが兼ねる

〈演出ノート〉

①登場人物になったつもりで読む。登場人物はもちろんだが、ナレーターの子も各自キャラクターを決めさせた。「お兄ちゃん」の友だちで元気がいい男の子で……など。ただし、低学年の子に意識させたとしても表現するとなると難しい。

②読むタイミングやスピードを変えて読む。シナリオの間を取るところでは、具体的に「三秒」とか「心の中で五つ数える」などと子どもに応

三段のひな壇を作る　**〈舞台配置図〉**

○○○ ○○○　○○○○○○

○○○○○○○○○○○○○

兄　ちい　父　母（三列目に移動することで死を暗示）

⬇

観　客

じて助言した。また、空襲の場面では、読むスピードを速めて緊迫感を出すようにしたが、急ぎすぎて言葉が不明瞭にならないように注意した。
③音楽や効果音を入れると雰囲気を盛り上げることができる。この実践では、静かなピアノの曲をテーマ曲的に使った。効果音として空襲警報の音を使った。

〈群読脚本〉

ちいちゃんのかげおくり　あまんきみこ作（吉田編）

音楽　適当なところでF・O

ナレーター「かげおくり」って遊びをちいちゃんに教えてくれたのは、お父さんでした。出征する前の日、お父さんは、ちいちゃん、お兄ちゃん、お母さんをつれて、先祖のはかまいりに行きました。その帰り道、青い空を見上げたお父さんが、つぶやきました。

父「かげおくりのよくできそうな空だなあ」

兄「えっ、かげおくり」

ナレーター　と、お兄ちゃんがきき返しました。

ちいちゃん「かげおくりって、なあに」

ナレーター　と、ちいちゃんもたずねました。

父「十、数える間、かげぼうしをじっと見つめるのさ。十、と言ったら、空を見上げる。すると、影法師がそっくり空に映って見える」

ナレーター　と、お父さんが説明しました。
父　「父さんや母さんが子どもの時に、よく遊んだものさ」
母　「ね。今、みんなでやってみましょうよ」
ナレーター　と、お母さんが横から言いました。
ちいちゃんとお兄ちゃんを中にして、四人は手をつなぎました。そして、みんなで、かげぼうしに目を落としました。
母　「まばたきしちゃ、だめよ」
ナレーター　と、お母さんが注意しました。
ちい・兄　「まばたきしないよ」
ナレーター　ちいちゃんとお兄ちゃんが、やくそくしました。
父　「ひとうつ、ふたあつ、みいっつ」
ナレーター　と、お父さんが数えだしました。
父・母　「ようっつ、いつうつ、むうっつ」
ナレーター　と、お母さんの声も重なりました。
四人　「ななあつ、やあっつ、ここのうつ」
ナレーター　ちいちゃんとお兄ちゃんも、いっしょに数えだしました。
四人　「とお」
ナレーター　目の動きといっしょに、白い四つのかげぼうしが、すうっと空に上がりました。
兄　「すごうい」
ナレーター　と、お兄ちゃんが言いました。

ちいちゃん　「すごうい」
ナレーター　と、ちいちゃんも言いました。
　　父　「今日の記念写真だなあ」
ナレーター　と、お父さんが言いました。
　　(間)
ナレーター　次の日、お父さんは、白いたすきをかたからななめにかけ、日の丸のはたに送られて、列車に乗りました。
　　母　「体の弱いお父さんまで、いくさに行かなければならないなんて」
ナレーター　お母さんがぽつんと言ったのが、ちいちゃんの耳には聞こえました。
　　(間)
ナレーター　ちいちゃんとお兄ちゃんは、かげおくりをして遊ぶようになりました。ばんざいをしたかげおくり。かた手をあげたかげおくり。足を開いたかげおくり。いろいろなかげを空に送りました。
ナレーター　けれど、いくさがはげしくなって、かげおくりなどできなくなりました。この町の空にも、しょういだんやばくだんをつんだひこうきが、とんでくるようになりました。そうです。広い空は、楽しい所ではなく、とてもこわい所にかわりました。
　　(効果音：空襲警報　読み方　速度を上げる)
ナレーター　夏のはじめのある夜、空しゅうけいほうのサイレンで、ちいちゃんたちは目がさめました。
　　母　「さあ、急いで」
ナレーター　お母さんの声。

外に出ると、もう、赤い火が、あちこちに上がっていました。お母さんは、ちいちゃんとお兄ちゃんを両手につないで走りました。風の強い火でした。

人の声　「こっちに火が回るぞ」
アンサンブル　「こっちに火が回るぞー」
人の声　「川の方へにげるんだ」
コーラス　「川の方へにげるんだ」
ナレーター　だれかがさけんでいます。
ナレーター　風が
+アンサンブル　あつくなってきました。
ナレーター　ほのおのうずが
+コーラス　追いかけてきます。
ナレーター　お母さんは、ちいちゃんをだき上げて走りました。
母　「お兄ちゃん、はぐれちゃダメよ」
ナレーター　お兄ちゃんが転びました。
ナレーター　足から血が出ています。
ナレーター　ひどいけがです。
ナレーター　お母さんは、お兄ちゃんをおんぶしました。
母　「さあ、ちいちゃん、母さんとしっかり走るのよ」
ナレーター　けれど、たくさんの人に追いぬかれたり、ぶつかったり、
アンサンブル　ぶつかったり、追いぬかれたり、

ナレーター　ちいちゃんは、お母さんとはぐれました。
ちいちゃん　（お母さん、お兄ちゃん後方へ下がる）
「お母ちゃん、お母ちゃん」
ナレーター　ちいちゃんはさけびました。
そのとき、知らないおじさんが言いました。
（おじさん前へ）
おじさん　「お母ちゃんは、後から来るよ」
ナレーター　そのおじさんは、ちいちゃんをだいて走ってくれました。
（読み方　速度落とす）
ナレーター　暗い橋の下に、たくさんの人が集まっていました。ちいちゃんの目に、お母さんらしい人が見えました。
ちいちゃん　「お母ちゃん」
ナレーター　と、ちいちゃんがさけぶと、おじさんは、
おじさん　「見つかったかい、よかった、よかった」（おじさん下がる）
ナレーター　と、下ろしてくれました。
でも、その人はお母さんではありませんでした。
ちいちゃんは、ひとりぼっちになりました。ちいちゃんは、たくさんの人たちの中でねむりました。
ナレーター　朝になりました。町の様子は、すっかり変わっています。あちこち、けむりがのこっています。どこがうちなのか――。

おばさん　（おばさん前へ）
ナレーター　「ちいちゃんじゃないの」
おばさん　という声。ふり向くと、はす向かいのうちのおばさんが立っています。
ナレーター　「お母ちゃんは。お兄ちゃんは」
ちいちゃん　と、おばさんがたずねました。ちいちゃんは、なくのをやっとこらえて言いました。
おばさん　「おうちのとこ」
「そう、おうちにもどっているのね。おばちゃん、今から帰るところよ。いっしょに行きましょうか。」
ナレーター　おばさんは、ちいちゃんの手をつないでくれました。二人は歩きだしました。
家は、やけ落ちてなくなっていました。
ちいちゃん　「ここがお兄ちゃんとあたしの部屋」
ナレーター　ちいちゃんがしゃがんでいると、おばさんがやって来て言いました。
おばさん　「おかあちゃんたち、ここに帰ってくるの」
ナレーター　ちいちゃんは、深くうなずきました。
おばさん　「じゃあ、だいじょうぶね。あのね、おばちゃんは、今から、おばちゃんのお父さんのうちに行くからね」（おばさん下がる）
ナレーター　ちいちゃんは、また深くうなずきました。
その夜、ちいちゃんは、ざつのうの中に入れてあるほしいいを、少し食べました。そして、こわれかかった暗いぼうくうごうの中でねむりました。
ちいちゃん　「お母ちゃんとお兄ちゃんは、きっと帰ってくるよ」

ナレーター　くもった朝が来て、昼がすぎ、また、暗い夜がきました。ちいちゃんは、ざつのうの中のほしいいを、また少しかじりました。そして、こわれかけたぼう空ごうの中でねむりました。
（間）（音楽　物語の終わりまで流す）
ナレーター　明るい光が顔に当たって、目がさめました。
ちいちゃん　「まぶしいな」
ナレーター　ちいちゃんは、暑いような寒いような気がしました。ひどくのどがかわいています。いつの間にか、太陽は、高く上がっていました。
そのとき、
父　「かげおくりのよくできそうな空だなあ」
ナレーター　というお父さんの声が、青い空からふってきました。
母　「ね。今、みんなでやってみましょうよ」
ナレーター　というお母さんの声も、青い空からふってきました。
ちいちゃんは、ふらふらする足をふみしめて立ち上がると、たった一つのかげぼうしを見つめながら、数えだしました。
ちいちゃん　「ひとうつ、ふたあつ、みいっつ」
ナレーター　いつの間にか、お父さんの低い声が、重なって聞こえだしました。
ちい・父　「ようっつ、いつうう、むうっつ」
ナレーター　お母さんの高い声も、それに重なって聞こえだしました。
ちい・父・母　「ななあつ、やあっつ、ここのうつ」
ナレーター　お兄ちゃんのわらいそうな声も、重なってきました。

四人　「とお」

ナレーター　ちいちゃんが空を見上げると、青い空に、くっきりと白いかげが四つ。

ちいちゃん　「お父ちゃん」

ナレーター　ちいちゃんはよびました。

ちいちゃん　「お母ちゃん、お兄ちゃん」

ナレーター　そのとき、体がすうっとすきとおって、空にすいこまれていくのが分かりました。一面の空の色。ちいちゃんは、空色の花畑の中に立っていました。見回しても、見回しても、花畑。

ちいちゃん　「きっと、ここ、空の上よ」

ナレーター　と、ちいちゃんは思いました。

ちいちゃん　「ああ、あたし、おなかがすいて軽くなったから、ういたのね」

ナレーター　そのとき、向こうから、お父さんとお母さんとお兄ちゃんが、わらいながら歩いてくるのが見えました。

ちいちゃん　「なあんだ。みんな、こんな所にいたから、来なかったのね」

ナレーター　ちいちゃんは、きらきらわらいだしました。わらいながら、花畑の中を走り出しました。

（間）

ナレーター　（ゆっくり、はっきり）夏のはじめのある朝、こうして、小さな女の子の命が空に（間）（悲しみを込めて）消えました。

（間）

ナレーター　それから何十年。町には、前よりもいっぱい家がたっています。ちいちゃんが一人でかげお

老人福祉施設を訪問しておじいさん、おばあさんの前で群読発表

くりをした所は、小さな公園になっています。青い空の下、今日も、お兄ちゃんやちいちゃんぐらいの子どもたちが、きらきらわらい声を上げて、遊んでいます。

〈発展〉

①祖父母参観日での発表

祖父母参観日で発表をした。子どもたちは練習を積んだ成果を出し、満足のいく発表だったようである。多くの子どもが家に帰ってから家族に誉められたと喜んでいた。

また、子どもたちの日記の中に実際にかげおくりをして遊んだ事や、おじいさんから戦争中の事を教えてもらった事の記述が幾つも見られた。ある母親は、これが平和教育へのきっかけになればとの願いを伝えてくれた。

②老人福祉施設での発表

祖父母参観日での発表後しばらくして、ある保護者の紹介で、近くの老人福祉施設に出かけて群読を発表する機会を得た。子どもたちは、「ちいちゃんのかげおくり」のほかにもいくつかのシナリオを練習した。参観日に保護者の前で発表したり、全校集会で発表したりして「度胸」をつけて施設訪問に臨んだ。

初めて会うお年寄五〇人以上の前で緊張していた子どもたちだったが、群読が始まると精一杯の表現ができた。お年寄りが笑顔で拍手をしたり涙を流したりしてくれたことで、自分たちの表現が伝わり、感動させられることを知った。そして、それが自分たちの喜びになるということを実感したようである。

この訪問で自信を深めた子どもたちは、「とても楽しかった」「また行きたい」「次は、ちがう施設へ行って群読を聞いてもらいたい」と、さらに意欲を高めていった。

③群読のＣＤを作成

群読に一生懸命に取り組み、表現する喜びに触れることができ始めた子どもたちであったが、学年末でクラス替えとなった。

クラス替えにあたり文集などを残す場合が多いが、このクラスの子どもたちは、自分たちの群読をＣＤにして残したいと考えた。きちんとした録音で作成することはできなかったが、デジタルビデオに残っていた音源を元に、パソコンでオーディオＣＤを作成した。「ちいちゃんのかげおくり」をはじめとしたいくつものシナリオの練習や発表でのパフォーマンス、また親子で一緒に表現した「祭りだ　わっしょい」を収録したＣＤを一人ひとりに渡した。

クラスが替わっても群読で輝いたあの瞬間を親子で振り返ることができるかもしれない。

④群読に取り組んで

「ちいちゃんのかげおくり」を子どもたちと群読で表現して、本当によかった、得をしたと思っている。子どもたちと一緒に練習しているとき、発表しているとき、私は何度も胸が熱くなる幸せを感じることができたのである。

五年前に合唱組曲を聞いた時の感動に匹敵するほどの、幸せな気分であった。

◆◆吉田実践に学ぶ◆◆

※澤野　郁文

「ちいちゃんのかげおくり」は、すぐれた平和教材であり、わたしも吉田氏同様感極まって涙につまり、子どもの前でろくに音読できなかったことがある。この教材を取り上げたことに感動している。

以下、この実践から次のことを学びたい。

第一に、この報告は朗読劇の実践である。原文の一字一句をすべて表現する朗読と演劇とをつなぐ群読に近接する中間文化である。この脚本から文学教材を声の文化として表現する方法を学びたい。

第二は「群読ならやれそう」という姿勢に学びたい。感動した合唱をなんとか自分でも実践したいが難しい。そこであきらめることなく、合唱以外の方法、自分でも取り組めそうな方法を考え、朗読劇という新しい表現によって創りあげた。この創造性と前向きな意欲がすばらしい。文化を創るとはこういうことなのだろう。

第三に、指導の流れに学びたい。子どもと共に試行錯誤しながら表現方法を模索する様子が目に見えるようである。教師もその難しさに悩むが、その真摯な気持ちが子どもたちに反映して、いろいろなアイデアを導きだした。それはすぐれた指導言や演出による。「走って！　もっと！」などの指導言や、句読点移動・トーンダウン・スピードの変化等の演出は、すぐれて新鮮である。ここに、子どもたちと共に新しい文化を創造する教育の原点をみることができた。

第四に、発展活動がすぐれている。学習発表会に閉じることなく、父母に聞いてもらう。さらに、老人施設にて上演する。とくに、お年寄りが笑顔で拍手し、涙を流したりしてくれたことで、自分たちの表現が伝わり、生きる自信と学級文化への誇りをうみだす。CDを聞かせていただいたが、子どもたちの、のびのびした力感にあふれた表現力に圧倒された。教師の指導性の、ひときわ光る報告であった。

学習発表会での学年群読「虹を見上げて」

北海道・札幌市立北園小学校教諭　及川　宣史

〈解説〉

わたしには、「中学年で群読に取り組んでみたい」という強い思いがあった。小学校低学年では仲間と呼吸を合わせたり、タイミングをとったりするのが難しいし、高学年では〝照れ〟があってなかなか自分を出せない、中学年こそ群読に向いていると考えていたからである。

群読とはいっても、わたしが考えているのは（本来の群読からいうと多分に邪道とは思うが）、身体表現を思いっきり取り入れたスタイルだ。だから群読ではなく「群読表現」という言い方をしている。できるだけ子どもたちの思いや、願いを入れたものにしたかったので、学習発表会実行委員会「レインボーＪｒ」を作って、取り組みを開始した。

まず初めにやったことは、「Ｊｒ」のメンバーとの群読遊びである。札幌で開催された家本群読講座の資料などから、いくつかの群読に取り組んだ。自分たちが体験してみて「群読はおもしろい」「楽しい」「タイミングが合うと気持ちがいい」「みんなで読むと迫力がある」と感じることができれば、心から仲間を誘う力が生まれると考えたからである。

その後、「せみ」と称して、「じ」で始まる言葉を探し、一人が繰り返して「せみ」らしく表現する。それをみんなが真似をして復唱してみる遊びをした。顔をしかめたり手をばたばた振ったり、強弱をつけたりしながら「自由・自由・自由……」「時間・時間・時間……」と鳴いてみた。「辞典」「自慢」「自分」「ジュース」「ジダン」（フランスのサッカー選手）など実にたくさんの「せみ」が登場して、その度に笑い声と拍手が起きた。

四年生の学年集会で「Ｊｒ」のメンバーと実演を交えて、「学習発表会で群読表現をやってみませんか？」と問いかけた。全員が、せみやかまきりになって声や動きを楽しむ時間もとったので、「群読っていいね」「やってみたい」という声が大きくなって、学習発表会で「群読表現」にチャレンジすることになった。

劇をするときにも今回の群読表現でも、私は最初からきちっとした台本は作らない。初めは「あらすじシナリオ」と称した素材（今回は詩の原文）や場面設定だけを載せたものを配り、自分たちで動き・練習する過程で生まれてくる光った「せりふ」や「動き」を集めるようにする。

そうすることで台本通りに「演じる」のではなく、自分の思いをどんどん出して「創り出す」という意識が高まる。教師のイメージに合うように演じさせるのではなく、子どもたちの工夫でイメージが広がっていくので、指導にストレスがなく毎回新鮮な発見がある練習になっていく。自分が考えれば自分の動きや言葉が増えるから、子どももみんなが主役の意識で取り組むことができるのがいい。

原作をかなり変えてしまうので作者には失礼かなとは思いつつ、やはり子どもたちの工夫を大事にしたシナリオを作るようにしている。今回の群読表現では、詩と詩の間にふだん自分たちが思っている「生の声を入れたい」という子どもの要求で、〝親に聞いてもらいたい〟という遊び心の部分も作ってみた。子どもたちはこのせりふ作りでも、とても盛り上がっていた。

〈群読脚本〉

雑誌「別冊子どもと教育」（あゆみ出版一九九六年四月発行）で見かけた佐々布和子さんのシナリオ（「四季」「子どもの四季」）をベースに、自分たちの気持ちに合った「なまけ忍者」や「やだくん」を加えて、「Ｊｒ」のメンバーと次のようなシナリオを作った。

学習発表会　群読**「虹を見上げて」**　札幌市立北園小学校　四年

《前方にスポットライトが当たっている》

プロローグ＋音楽♪（器楽）　町のうた

ナレーター１　ぼくたちは四年生　毎日いろんなことが起きる

ぼくたちの毎日は　ぼうけんのようだ

小学生１　何だろう　このドア　ふしぎだなあ
小学生２　開けてみようか
小学生３　やめとけよ　気持ち悪いよ
小学生１　でも、中に何があるか　見てみたいよ
《ドアを開ける》
小学生２　何か　見える？
小学生３　うん　雪・雪が見えるよ　冬だよ
《舞台が暗くなる　ＯＨＰで雪を映す》
ナレーター２　冬　空から雪が落ちてくる
雪が積もる　白い世界　冬

ソロ	コーラス
	しんしんしんしん　しんしんしんしん　・・・
太郎を眠らせ	
太郎の屋根に	
雪ふりつむ	

	しんしんしんしん　しんしんしんしん
次郎を眠らせ	
次郎の屋根に	
雪ふりつむ	
	しんしんしんしん　しんしんしんしん　・・・
太郎を眠らせ	
太郎の屋根に	
雪ふりつむ	
	しんしんしんしん　しんしんしんしん　・・・
次郎を眠らせ	
次郎の屋根に	
雪ふりつむ	
	しんしんしんしん　しんしんしんしん　・・・

小学生1　このドアはふしぎだね　冬が見えるんだね
小学生2　もう一度開いたら、どうなると思う？
小学生3　春が見えるかもね
小学生1　開けてみようか？

小学生2　おおーっ　春が見える

ナレーター3　春！　空が明るくなる

春！　草や木がいっせいに芽を出す

春！　かえるが目をさます

（春の場面は、かえるの群読表現を中心に構成した　～中略～）

小学生4　春はいいねえ

小学生5　さあ、ドアを開けてみよう

小学生6　きっと夏だよ　さあ開けるよ

《せみが飛んでくる》

せみ1　自分　自分　自分　…………　…………　…………　…………

せみ2　時間　時間　時間　…………　…………

せみ3　自由　自由　自由　……

せみ4　辞典　辞典　辞典……

（一斉に）　自分　自分　自分　自分

時間　時間　時間　時間
自由　自由　自由　自由
辞典　辞典　辞典　辞典

ナレーター4　夏　太陽　海　キャンプ　花火
夏　セミも元気　ぼくらも元気！

小学生4　暑いなあ～　汗が出てくるよ
小学生5　本当に暑いね～　あっカマキリだ！
ナレーター4　工藤直子の「のはらうた」より
小学生6　《ぴょんと　とびだして》おれは　かまきり

カマキリ1	カマキリ2	カマキリ軍団
おう　夏だぜ		
	おう　夏だぜ	
		おう　夏だぜ
おれは　元気だぜ		
	おれも　元気だぜ	
		おれたちも　元気だぜ

あまり　近よるな
おれの　心も　カマも
どきどきするほど
光ってるぜ！

○○

おう　暑いぜ

おれも　がんばるぜ

光ってるぜ！

○○

おう　暑いぜ

おれは　がんばるぜ

もえる陽をあびて
カマをふりかざす　すがた
わくわくするほど
きまってるぜ！

光ってるぜ！

○○

おう　暑いぜ

おれたちも　がんばるぜ

きまってるぜ！		
		きまってるぜ！

《いきなり雷の音》

《全員が「雨だ　雨だ　かみなりだ！」と叫びながら器具室に逃げる》

《ピアノの音》

ナレーター5　あめ　山田今次

ソロ（四人で交代する）	アンサンブル	コーラス
あめ		
○○○あめ		
○○あめ		
○あめ		
○○○あめ		
○○あめ		
○あめ		
あめ		
あめは　ぼくらを　ざんざかたたく		

ざんざか　ざんざか

ざんざん　ざかざか

あめは　ざんざん

ざかざか　ざかざか

ほったてごやを　ねらって

たたく

ぼくらの　くらしを　びしびし

たたく

さびがざりざり　はげてる　やねを

やすむことなく　しきりに

たたく

ふる

〇〇〇ふる

〇〇ふる

〇ふる

〇〇〇ふる

〇〇ふる

○ふる

ふる

あめは　ざんざん

ざかざん　ざかざん

ざかざん　ざかざん

ざんざん

ざかざか

つぎから　つぎへと

ざんざん　ざんざん

ざんざん　ざんざん

ざんざん　ざんざん

ざんざん　ざんざん

みみにもむねにも　しみこむほどに　ざんざん　ざんざん

しみこむほどに　ざんざん　ざんざん

ぼくらのくらしを　かこんで　ざんざん　ざんざん

たたく

かこんで

小学生7　きのうの宿題あったしょ　おれ　できなくてさー
小学生8　おれも　わかんないのあってよー
小学生9　おかあさんに聞いたら「先生の話　ちゃんと聞いてるのかい」って言うんだよね
小学生7　聞いているんだけど〜、わからないんだよね。
小学生8　あーー　思いっきり遊びたいなあ
小学生9　でも、勉強もしなくちゃなあ

ナレーター　なまけ忍者
ソロ　ぼくの　おへやの　すみっこに　なまけ忍者が
忍者　かくれてる　かくれてる　……
(注)「かくれてる」(残響のように五、六人が連続して読む)
「かくれてる」
「かくれてる」
「かくれてる」
「………」

というふうに、前の人が「かくれて」まで言ったときに、次の人が「る」にかぶせて「かくれてる」と言う（六名が続けて言うので残響のように聞こえる）。
以下、同様に読む。

ソロ　ぼくが　べんきょう　していると　なまけ忍者の
忍者　ひくい　声　ひくい　声　………
忍者ソロ　ちょっと　テレビを　つけてくれ　つづきまんがを　見たいのじゃ
忍者たち　見たいのじゃ　見たいのじゃ　………
ソロ　なまけ忍者に　さそわれて
　ぼくも　テレビを　見てしまう
ソロ　ぼくが　おそうじ　はじめると　なまけ忍者の
忍者　ひくい　声　ひくい　声　………
忍者ソロ　どうせ　また　すぐ　よごれるよ　むだな　しごとは　やめなされ
忍者たち　やめなされ　やめなされ　………
ソロ　なまけ忍者が　いるかぎり
　なにを　やっても　ぼくは　だめ
ソロ　わたしの　おへやの　やねうらに　なまけ忍者が
忍者　かくれてる　かくれてる　………

ソロ　わたしが　早ねしようと　していると　なまけ忍者の
忍者　高い声　高い声　………
忍者ソロ　早ねするのは　つまらない　朝までゲームを　やりましょう
忍者たち　やりましょう　やりましょう　………
ソロ　わたしが　かたづけ　していると　なまけ忍者の
忍者たち　高い声　高い声………
忍者ソロ　どうせ　またすぐ　ちらかるよ　このままだって　いいんじゃない
忍者たち　いいんじゃない　いいんじゃない………
ソロ　なまけ忍者が　いるかぎり
なにを　やっても　わたし　だめ
なまけ忍者よ　おねがいだ
ソロ　はやく　どこかへ　消えてくれ～！

（登場人物＝忍者も含めて「消えてくれ～！　消えてくれ～！」と叫び、クルクル回りながら退場）

小学生7　オレたちって、いそがしいよね。
小学生8　月曜日と水曜日はそろばんでしょ。木曜日はスイミング。
小学生1　私はピアノもあるしさ。つかれちゃうよね。
小学生9　それなのに、親にはおこられてばっかり。
小学生2　「さっさと　おふろに入りなさい」「早くねなさい」でしょ。
小学生3　自分たちは遅くまで起きてるのに、大人って勝手だよね。
小学生1　それに「あんたはお姉ちゃんなんだからがまんしなさい」だもんね。
小学生2　「お姉ちゃん　お姉ちゃん」ばっかり。あーあ　いやになっちゃう。
小学生3　親って子どもの気持ち全然わかってないよね。自分の言いたいことばっかり言って。
小学生7　………でも、大人もけっこう大変なんじゃないの？
小学生8　子どものこと心配しているからうるさく言うのかも。
小学生9　でも、それにしても「ああしろ　こうしろ」って、うるさすぎるよね。
小学生7　だから、素直になれないんだよね。

ナレーター5　いやだ　いやだ　やだ　やだ　やーだ
ナレーター4　群読　やだくん

ソロ	やだくんコーラス
やだくん	
	やだやだ　やだやだ　まっぴらだ
	やだやだ
やだくん　あまのじゃく	
やだくん	
	やだやだ　いやだ　やだ
朝から　ばんまで　ねごとにも	
なんでも	
	やだやだ　あーいやだ
毎日	
	やだやだ
いいどおし	
やだくん　あるとき　気がついた	
	やだやだ　やだやだ
いいすぎて	
さいごの　いやだを　いってみた	

	やだやだ　いうのは　もういやだ
エーッ！	
	やだやだ　いうのは　もういやだ
やだやだいうのは　もういやだ？	
	やだやだ　いうのは　まっぴらだ
やだやだいうのは　まっぴらか！	
（ヤッく～ん　ごはんよ～！）	
	ハーイ！

小学生4　おや、ここにもドアがあるよ
小学生5　今度は　何が見えるかな？
小学生6　きっと秋だよ　さあ開けるよ

ナレーター1　九月、一〇月
ナレーター2　じゃがいもができたよ　ヘチマもなったよ
ナレーター3　木の葉が赤くなったよ　クリがなったよ
　　　　　　秋！

収穫の秋！　食欲の秋！　おまつりの秋！

出店のおじさん　へぇーい　いらっしゃい　おじょうちゃん　どう？
出店のおじさん　やきそば　おいしいよ　最高だよ
出店のおばさん　いらっしゃいませ　ラムネが冷えてますよ　おいしいですよ
出店のおじさん　お姉ちゃん　バナナクレープ　おいしいよ
　子ども　おじさん、それ、どうやって作るの？
出店のおじさん　ほら、こうしてつくるんだよ　おいしそうなバナナをむいて
　チョコレートをたっぷりかけるのさ
　子ども　本当だ。おいしい。
出店のおばさん　ヨーヨーつりはどう？　やっていきなさいよ
　子ども　おばさん　いくら？
出店のおばさん　一回一〇〇円だよ。うまくやれば何個もとれるよ。
　子ども　じゃあ　おばさん一〇〇円
出店のおばさん　あんた、うまいねえ！すごいじゃん。（あとは　アドリブで……）

《会場の後からおみこしがねり歩いてくる》

ソロ	アンサンブル	コーラス1	コーラス2
まつりだぞ			
	まつりだぞ		
		まつりだぞ	まつりだぞ
みこしがでるぞ			
	みこしだぞ	みこしだぞ	
		みこしだぞ	みこしだぞ
むこうはちまき			
	きりりとしめて		
		わっしょい　わっしょい	
		わっしょい　わっしょい	わっしょい　わっしょい
せなかに花がさ			
	そろいの　ハッピだ		
		わっしょい　わっしょい	
		わっしょい　わっしょい	わっしょい　わっしょい
みこしだ　みこしだ			
	子どものまつりだ		

さんしょはつぶでも
ぴりっとからいぞ
しっかりかついだ
まわせ　まわせ
泣き虫すっとべ

これでもいさみの
四年の氏子だ
死んでもはなすな
ぐるっとまわせ
すっとべ　すっとべ

わっしょい　わっしょい
わっしょい　わっしょい
わっしょい　わっしょい
わっしょい　わっしょい
そらもめ　そらもめ
ぐるっと　まわせ
わっしょい　わっしょい
わっしょい　わっしょい

わっしょい　わっしょい
わっしょい　わっしょい
そらもめ　そらもめ
ぐるっと　まわせ
わっしょい　わっしょい
わっしょい　わっしょい

いじめもすっとべ		わっしょい　わっしょい	わっしょい　わっしょい
	すっとべ　すっとべ	わっしょい　わっしょい	わっしょい　わっしょい
おみこし　かつごう			
		まかせろ　まかせろ	まかせろ　まかせろ
みんなで　かつごう			
		さんせい　さんせい	さんせい　さんせい
ともだち　よぼうよ			
		なるほど　なるほど	なるほど　なるほど
わっしょいわっしょい			
	わっしょい　わっしょい		
		わっしょい　わっしょい	わっしょい　わっしょい
けいきをつけろ			
	けいきをつけろ		
しおまいて　おくれ			
	しおまいて　おくれ		
			わっしょい　わっしょい
		わっしょい　わっしょい	わっしょい　わっしょい

そらどけ　そらどけ
金魚屋もにげろ
わっしょい　わっしょい
みこしだ　みこしだ
わっしょい　わっしょい

みこしが　とおるぞ
あめ屋もにげろ
わっしょい　わっしょい
子どものまつりだ
わっしょい　わっしょい

そらどけ　そらどけ
金魚屋もにげろ
わっしょい　わっしょい
わっしょい　わっしょい
わっしょい　わっしょい
わっしょい　わっしょい
わっしょい　わっしょい
わっしょい　わっしょい

みこしが　とおるぞ
あめ屋もにげろ
わっしょい　わっしょい
わっしょい　わっしょい
わっしょい　わっしょい
わっしょい　わっしょい
わっしょい　わっしょい
わっしょい　わっしょい

わっしょい　わっしょい	まつりだ	まつりだ	まつりだ	まつりだ	○○	おまつりだ
わっしょい　わっしょい		まつりだ	まつりだ	まつりだ	○○	おまつりだ
わっしょい　わっしょい			まつりだ	まつりだ	○○	おまつりだ
わっしょい　わっしょい				まつりだ	○○	おまつりだ

（この後、全員が並んで合唱曲を歌った。〜後略〜）

◆追記＝この脚本に使用した作品

・「雪」（三好達治・及川編）
・「せみ」（有馬敲・及川編）
・「おれはかまきり」（工藤直子・及川編）
・「あめ」（山田今次・及川編）
・「なまけ忍者」（しょうじたけし・家本芳郎編・及川一部改編）
・「ヤダくん」（小野ルミ・家本芳郎編）
・「祭りだ　わっしょい」（北原白秋・家本芳郎編）

〈発展〉

学習発表会が終わって、子どもたちは自分を表現することに自信をつけたようにみえる。特に、「まつりだぞ～」と会場中に響き渡る声で触れ回った達人や郁美のすっきりした表情に刺激されて、「ぼくも」「私も」と「祭りだ　わっしょい」のリクエストがあった。その度に入れ替わり立ち替わり出だしの「まつりだぞ～」や、ソロの部分に立候補する子が出てきた。

友だちと呼吸を合わせ、お腹の底から思いっきり声を出すことで、身体的な爽快感と共に、友だちとの連帯感を肌で感じているようであった。メンバーを替えて成功するだろうか？　今度のメンバーはどうかな？　学級全員が心地よい緊張感をもちながら「祭りだ　わっしょい」に取り組んだ。

学年集会「二学期を終わる会」では、学習発表会での群読表現の成果だろうか、子どもたちは一〇〇％自分たちで作った四年生コールを発表した。

声を出す、仲間と呼吸を合わせて表現することは、子どもに変化を呼び起こすものだなあと、改めて群読の威力を実感した。

◆◆及川実践に学ぶ◆◆

＊毛利　豊

群読と演劇とを融合した教育実践である。身体表現をふんだんに取り入れ、いくつもの脚本を劇仕立てでつなぎ、全体を一つの物語に仕上げている。

群読は「声の文化」である。複数の声が混ざり合って醸し出す味わいが本領である。しかしだからといって、他の要素を加味してはいけないという決まりもないと思う。現に、群読教育の創始者・家本芳郎氏も、早くから群読と合唱・交響楽を融合した「交響組曲　よこすか」へとまとめておられる。もともと群読は、演劇や古典芸能や大衆運動等にそのルーツをもつ。こういう融合的文化活動があるのは自然である。

その点で、学びたいことは、形態・領域にこだわらず、大胆に隣接領域をまたいでいることである。既定の台本通りに演じることよりも、即興性を大事にし、子どもの思いでどんどん創り出させたこと、教師も毎回新鮮な発見をし、やらせるストレスからも無縁であったこと、これらは自由演技的な演劇教育になっていたことを示している。そこには表現することによる癒しや再決断、親への要求による自我の覚醒などもあったのではなかろうか。

さらに学びたいのは、「面白いや！」という感覚が、子どもの世界を駆け抜けている点である。有志活動集団「レインボーＪｒ」が群読遊びで面白さを堪能し、彼らが心から仲間を誘う力で、せみ遊びを笑いと拍手の中で成功させ、それが学年群読の発表会を生み出してゆく。活動内容の魅力が集団づくりのエネルギーとなっている。二学期末集会では完全に子ども集団による制作・発表にまで高まっている点に、組織主義に陥らない学級づくりの正統が、今日的な形態で展開されている姿を見る。ソロをやりきったすっきりした表情に刺激されて、他の子どもも立候補する。群読活動が、爽快感と連帯感を生んでいるのである。

群読教育の多彩な広がりを予感させる、希望に満ちた今日的な実践である。

学習発表会で全校群読「ヨーシコーイ！」

岩手県・一関市立南小学校教諭　澤野郁文

〈解説〉

各学年・各学級毎にテーマを決め、地域の調べ学習を進め、学習したことをひとつの創作劇にまとめ上げてみようという発想が教師の中から生まれ、新しい学習発表会を創りあげようという取り組みが児童会と共に進められていった。「総合的な学習」が世に出るずっと以前の話である。

校庭の片隅に「ゆりのき」という大木が立っていた。五〇年以上前に近所のお寺から地域の人々が移植したもの。その「ゆりのき」の木が、地域の歴史を語っていくという設定で全校創作劇を構成していった。そのアイデアを出したのが当時の校長先生。合わせて子どもたちの取材に合わせた構成詩も創作してくれた。

「ゆりのき」役の子のナレーション、構成詩の朗読、各クラスの創作劇と内容の質がなかなか文化的に高まってきたとき、オープニングをどうしようかと悩んだ末、教師集団で創作した群読がこの「ヨーシコーイ！」である。

「ゆりのき」の木を地域の人々が移植するために運び校庭に植えてくれたシーンを想像して、新たな出発にふさわしい元気で力強いかけ声を中心に創作した。

〈読み手〉

ソロ＝一名　(オーディションで選考)

アンサンブルサンブル＝一二名　(オーディションで選考)

コーラス＝全校

〈演出ノート〉

学習発表会のオープニングである。全体を暗転にし、お客さんを囲むようにして全校のコーラスが立つ。ソロは、木を運ぶリーダーで、アンサンブルは運び手である。それなりの衣装を着て、はりぼての木を囲んで会場の後ろの方に立ち、スポットをあびて群読をスタートさせる。

Aの部分は出発するときのかけ声と、木を持ち上げるまでのシーン。Bは全校のかけ声に励まされながら木をステージ脇まで運んでいく。Cは、ステージまで運んで一休み。体勢を整えて、Dから全校のかけ声と共に木をステージ脇に立ち上げていく。だんだん速くだんだん強く。Eで最高潮に達し、木は直立する。

ヤッターの声にかぶってテーマ曲のイントロのドラムが鳴り出し、全校合唱へと進む。

〈群読脚本〉

A

ソロ　ヨーシコーイ！
コーラス　ヨーシコーイ！
ソロ　ヨーシコーイ！
コーラス　ヨーシコーイ！
ソロ　ヨーイドッコイ
アンサンブル　ヨーイドッコイ
ソロ　ヨーイドッコイ
アンサンブル　ヨーイドッコイ
ソロ　ヨーイドッコイ
アンサンブル　ヨーイドッコイ
ソロ　ヨーイドッコイセー

B

ソロ　ヨイサッ！
コーラス　ヨイサッ！
ソロ　ヨイサッ！
コーラス　ヨイサッ！（何回か繰り返す）

C

ソロ　ヨーイドッコイセー

D

ソロ　ソライクゾ！
アンサンブル　オー！
ソロ　おとーちゃんのためなら
アンサンブル　エーンヤコーラ
ソロ　おかーちゃんのためなら
アンサンブル　エーンヤコーラ
ソロ　もひとつおまけに
コーラス　エーンヤコーラ
ソロ　ヨイサッ！
コーラス　ヨイサッ！
ソロ　ヨイサッ！
コーラス　ヨイサッ！
（だんだんはやく繰り返し）

E

ソロ　ヤッター！

〈発展〉

全校創作の学習発表会は大好評で、その後も子どもたちの取材活動とともに内容がどんどん深化・発展し、次の年もその次の年も続けられていった。

その中で「ヨーシコーイ」の群読もすっかり定着し、エンディングの「お祭り」の群読とともに、ソロは全校リーダーのステイタス性を併せ持つようになった。「五年生の学習発表会で『ヨーシコーイ』のソロを務め、その後児童会長に立候補し、六年生の学習発表会は『お祭り』のソロを務めることが目標」と、次の年のオーディションに参加した子どもは語ってくれた。

他校に転勤になってからも、このシナリオはよく使わせていただいた。全校での群読入門期練習にとても効果的だった。特にDの部分の盛り上がりは、何度やっても子どもたちはあきない。

「総合的な学習」が進められて、地域を取り上げた学習が盛んになってきた。発表会のオープニングに、元気のいいスタートのために、ぜひ活用していただきたい。各地の言葉を使って少々アレンジしていただければ、「鉱山の労働」「漁」「開拓」等、様々な表現ができると思う。

◆◆澤野実践に学ぶ◆◆

※毛利　豊

澤野先生は、ユーモアと包容力のある先生だなあと思わず微笑んだ。そして、気合いも十分である。

学ぶことの第一は、子どもの教育をめぐって共育の温かい輪を職場につくっている点である。これはひとり校長の人柄だけではないと思う。確かに管理職型や小役人型ではない、教育者的なしかも構想力や詩心まである望ましいリーダーではある。しかし砂漠に落ちた種は芽を出せない。同じく、校長を教育リーダーたらしめるのは、教職員集団である。こういう職場づくりが良いなあと、近年つくづく思う。

第二に、「気合いとノリ」である。難しいセリフは一つもない。力強い声と元気な囃子言葉だけから成る。それなのに子どもたちは最高潮の部分を飽きもせずに何度もやりたがり、主導するソロが子どもたちの目標にさえなっている。このノリは、（何回か繰り返す）（だんだん早く繰り返す）という、アバウトな、演技者に任せる脚本から生まれている。ソロが唱導し、アンサンブルやコーラスが追いかける。その場の勢いに乗り、ソロの絶妙の判断で、次の場面に移行する。漸増的に高まる、待ったなしの緊迫感・臨場感が、全校を興奮のるつぼに惹きこむのであろう。掛け声だけから成る力強い群読は、このように表現したいものである。

第三に、セリフにある遊び心である。「おとーちゃんのためなら～」という、子どもたちも良く口にする戯言を巧みに取り入れ、遊ばせている。こういうところにも、指導者のユーモアと包容力を感じる。

第四に、群読が、調べ学習の結節点となっている点である。地域の調べ学習が、わが校自慢の「ゆりのき」という大木の口を通して語られる。次の日から、子どもたちはこの木に特別な「愛着」の眼差しを向けたことだろう。郷土愛といい愛校心といい、こういう形で自然に育つ。しかも排他的ではない。

ホットな心と気合い一発で「発表」を印象的に導入し、次世代にもしっかりと受け継がれていった、記念碑的な実践である。

広島修学旅行の平和ミニ集会で

高知県・高知市立潮江南小学校教諭　松本　順子

〈解説〉

わたしの前任校、高知市立旭東小学校では毎年、六年生の修学旅行の行き先は広島と決まっている。それは「人間の生命の大事さ」「生命の尊厳」を実感することにねらいをおいたからである。そして、広島の地で平和ミニ集会を開いてくるのが学校の伝統になっている。

昨年度は、この集会を教師が企画するのではなく、子どもたちの手で企画させ、子どもたちに平和を訴えさせたいと願い、六月より一〇月の修学旅行に向けての計画を練った。

六月に文学教材「ヒロシマのうた」を一〇時間で扱い、七月四日の高知大空襲の話をきっかけに、夏休みの課題として戦争について調べ学習をさせた。九月に入り、戦争の体験を高知県下で話している北村静子先生（わが校での勤務経験があり、校歌を作詞した方）から話を聴いた。その時の子どもの感想をあげてみたい。

《今日、北村先生から原爆の話を聞きました。まず、びっくりというよりぼう然としてしまいました。

それは原爆の名がリトル・ボーイ「かわいい男の子」という意味の英語で、ぼくは「あれが、リトル・ボーイ？　あの広島市民を奪った、あの原爆が？　ふざけているな」と思いました。

まあ、どんな名にしても広島市民の命を奪ったことにはかわりません。しかも、アメリカは、ただの実験でリトル・ボーイを使ったのです。ぼくは、そのことでむしょうに腹が立ちました。それに今では、原爆は五二万個作られているのです。これが全部落とされたら、ほぼというより完全に地球がなくなると思いました。ぼくは、そう考えると「ぞぞっ」と感じました。

ぼくは、こんなことが絶対に起こらないように願います。そして、こんなことが起こらないように自分たちががんばらなければ、だめなんだと思いました。ぼくは、広島のことをもっと、知らなくてはいけないと思ってきました。》

《私のおじいちゃんも広島に落ちた原爆の被害者です。私のおじいちゃんは、広島へ働きにいってたらしく、食堂でご飯を食べている時に原爆が落ちたらしいです。うちのおじいちゃんは、被害があまりなく腕をガラスで切ったぐらいで、放射能も浴びずに今も元気で暮らしているけど、原爆で亡くなった人たちや放射能のせいで今も苦しんでいる人たちはとてもむごいです。

昔の人たちは、原爆のことはもちろん忘れていないし、私たちも忘れていってはいけないことだと思います。どこの国にも戦争なんて起こしてはいけないものだと思います。今日聞いた話を活かして、修学旅行では平和のことを訴えてきたいです。》

感想を読み合うなかで、広島の原爆についてもっと調べること――『絵で読む広島の原爆』（福音館書店）を使用――そして広島での平和ミニ集会に向けて、学年で実行委員を募り、どんな集会にするのかを話し合った。その結果、千羽鶴を折って現地に持って行こう、平和の歌を歌おう、平和の願いを込めた詩の群読をしようということに決まった。

ここでは、その群読について報告する。教師が「原爆を作る人々に」の詩を選び、学年全員で二時間を使い学習した。そして、自分たちは、どこを一番訴えたいのかをみんなで話し合い、そこは全員で群読しようとなった。その後、実行委員一五名でシナリオを作り、群読することになった。

〈読み手〉

ソロ＝A　B　C　D　E

あとは学級・男女別・全員の分読

〈演出ノート〉

全体的に重々しく、一つひとつの言葉をはっきりと読む。

連との間は、しっかり間をとるようにする。

全員・グループで読むところは声をそろえ、迫力を持たせるために読点をいれ、息つぎができるようにする。

四連が盛り上がるように、最後にしたがって力強く訴えるように読み上げるようにする。
バックの音楽に静かな曲（宋次郎のオカリナ演奏の曲等）を流す。

〈群読脚本〉

司会　ぼくたちは、この被爆地広島に来るまでに、高知の空襲での大変さを北村先生に聞き、国語では「ヒロシマのうた」で戦争が、人間として生きることの自由を奪うものだということを学んできました。今、原爆を受けた広島の地へ来て、みんなで平和ミニ集会を開くのは、とても大切だと思います。ぼくたちの願いを届けるために、みんなで心をこめて詩を群読し、平和への歌を歌い上げましょう。

（音楽　曲を流し始める）

司会　**原爆を作る人々に**　福田須磨子作

A　原爆を作る人々よ
しばし手を休め　目を閉じ給え

男全員　もしもあなたの国で、実験されたら

女全員　やはりあなた方は、わたしたちを笑うだろうか

Ｂ　父母も姉妹も　そして親しい友も
Ｃ　実験用の　モルモット以上に
全員　生命を粗末にされ、残酷な死をとげた
Ｄ　あの原爆が　永遠の平和の警鐘なら、
　　人類の礎と　むやみに嘆かないけど
Ｅ　なぜに依然と　その手を休めず
　　昨日よりかは今日　今日よりは明日と
全員　全人類の破滅へ　急テンポに、進むのだ

全員　原爆を作る人々よ！

1組全員　今こそ　ためらうことなく
2組全員　手の中にある一切を放棄するのだ
3組全員　そこに、はじめて、真の平和が生まれ
全員　人間は人間として、蘇ることができるのだ

〈発展〉

今までの修学旅行では、どこをどう読むのかを教師が指示をして読ませてきたので、本当に彼らの心に訴えられたのか、疑問であったが、子どもたちの考えでシナリオを作り、詩の群読を考え、行うことのできた平和ミニ集会であった。

今までの六年生と違い、いろいろな集会で声を出すことの不得意な子どもたちであるので、本番できちんとやれるのか、教師たちは心配したが、大成功に終わらせることができた。詩を群読している彼らは堂々としていた。

そして、ほとんどの子どもたちが、卒業文集の中に平和ミニ集会の感動を書いていた。広島についての学習を計画的にすすめてきたことと、詩をみんな（八九名）で学習し、自分たちが訴えたいのは、どこで、どこを全員で読むのかを話し合い、取り組んできた成果だった。卒業式での呼びかけでは、修学旅行での思い出を語る部分にも、この群読を取り入れた。保護者たちも、修学旅行は広島に行かせて良かった、と思ったようである。

最後に広島の平和ミニ集会では、中学生や高校生の修学旅行団体や、一般の観光客もいて、「すごいね」「どこの学校、すばらしいね」と何人もの人に尋ねられ、子どもたちはうれしそうに自分たちの学校名を名乗っていた。

◆◆松本実践に学ぶ◆◆

＊重水　健介

例年実施される広島への修学旅行で、松本先生は子どもの企画による平和集会を構想した。その長期にわたる実践が記された、この報告から学ぶことは多い。

第一は、平和教育の一環として修学旅行を位置づけたことである。修学旅行のとらえ方はさまざまであるが、松本先生の学校では、「生命の大事さや尊厳を実感する」という明確なねらいをもってとりくんでいる。修学旅行を、楽しみ中心型に終わらせず、平和教育を深める一大行事としているこの実践は、修学旅行の指導に一つの方向性を与えるものである。

第二は、修学旅行へのとりくみが一連の授業になっていることである。一〇月の修学旅行に向けて、松本先生は六月から指導をはじめている。しかも、その内容は、文学教材の学習、戦争体験の聞きとり、夏休みの調べ学習、群読教材の学習とシナリオづくり、というように、深く多彩である。子どもの作文からも、原爆や戦争について理解を深め、平和にかんする問題意識が育っていることがわかる。学習の深まりが、子どもの自発的な行動に結びついているわけで、授業の理想を示すものとして、大いに学びたいところである。

第三は、子どもたちの企画を重視したことである。松本先生は、実行委員を募り、集会の案を考えさせ、千羽鶴や平和の願いを込めた群読などのアイデアを引き出している。また、既存の詩を題材にして、実行委員に群読のシナリオをつくらせている。子どもが主体となる行事とはこういうことだろう。

第四は、脚本表現の工夫である。「重々しく読む」「連の間を充分とる」「読点を入れ、コーラスの全員が息つぎをする」「終盤にいくほど力強く読む」。こうした演出により、重厚で迫力のある群読になる。作品の主題を的確に表現する技法として参考にしたいものである。

松本先生の平和教育に対する造詣の深さと、子どもを伸ばす熟練のわざの輝く報告であった。

2 中学校での実践

平和祈念集会の宣言を群読で

長崎県・長崎市立滑石中学校教諭　中村　聖子

〈解説〉

わたしの勤務校では、毎年八月九日に平和祈念集会を行っている。昨年までは、各クラスから一名選出された平和推進委員が作った「平和宣言文」を、代表の子どもがその集会の中で、全校生徒の前で読みあげていた。

今年はいつもと違った工夫をしたいという意見が出て、まず平和推進委員になりたい子どもを人数制限なしで募集したところ、全部で八〇名の子どもが集まった。こんなにもやる気のある子どもが多くいたのかと思うと、とてもうれしかった。

しかし、今までのやり方では八〇名全員に役割を与えることができそうにない。担当教師で話し合った結果、いつもは代表一人が読んでいた平和宣言文を、全員で群読という形で発表しようということになった。

この平和宣言文は、全校生徒から平和をイメージする言葉や文を出してもらい、平和推進委員がまとめて一つの群読にしたものである。

〈演出ノート〉

ソロ（一名×一六個所＝一六名）、アンサンブル（八名）、

コーラス１（二八名）、コーラス２（二八名）

ソロが前列に並び、その後ろにグループごとに全体が三列になるように並んだ。今回は、このような人数配分にした。各文章が長いので一人ずつ交代させたが、箇所ごとに同じ子どもが受け持つようにすることもできる。コーラス１と２の人数を変えてもいいし、いろいろアレンジができると思う。

〈群読脚本〉

ソロ　それは蒸し暑い夏の午前中でした

ソロ　一九四五年八月九日

アンサンブル　八月九日午前一一時二分

ソロ　わたしたちの住むこの長崎の地に

コーラス１　一発の原子爆弾がおとされました

コーラス2　原子爆弾は悪魔の兵器でした
　ソロ　原爆で奪われたもの
コーラス2　七万人の命
　ソロ　原爆で奪われたもの
アンサンブル　人々の夢
+コーラス1　人々の希望
+コーラス2　人々の未来
　ソロ　あれから五七年
アンサンブル　放射能の後遺症で苦しんでいる人々がいます
コーラス1　苦しんでいる人々がいます
アンサンブル　心の傷は癒えることはありません
　ソロ　わたしたちは学びました
コーラス12　わたしたちは学びました
アンサンブル　一年生
　ソロ　自分たちの足で、自分たちの目で被爆の爪あとを確かめてまわりました
　原爆の恐ろしさ、被爆の悲しみが伝わってきました
アンサンブル　二年生

ソロ　「加害」というテーマで学習しました。昔の日本はアジア諸国を侵略しました。土地を奪い、命を奪い、強制連行もしました

アンサンブル　戦争は人を鬼に変えます。人の心を無くしてしまいます

ソロ　三年生

世界を見つめました。各国でいまだに戦争や紛争が起こっていて、多くの命が奪われたり、難民となって母国を追われたりしていることを知りました

わたしたちひとりひとりが何か行動を起こすことに意味があると思います

そのために平和について聞き取り調査をしました

アンサンブル　学んだことを生かします

ソロ　世界にはわたしたちの平和を脅かすものがたくさんあります

コーラス1　戦争

コーラス2　差別

コーラス1　核兵器

コーラス2　地雷

コーラス1　飢餓

コーラス2　貧困

コーラス1　環境破壊

ソロ　　　　これから平和な社会を築きあげるために、わたしたちは身近なことから始めます
アンサンブル　小さな争いごとをなくします
コーラス1　　人に優しくします
コーラス2　　いじめや差別を許しません
ソロ　　　　滑石中学校で学んでいる平和の尊さを胸に刻んで行動します
アン・コー全　胸に刻んで行動します
ソロ　　　　世界中の
アンサンブル　平和を
コーラス12　　作り出すために
ソロ　　　　被爆地長崎から戦争の恐ろしさや平和の素晴らしさを訴えつづけることを
アン・コー全　ここに宣言します
ソロ　　　　二〇〇二年八月九日　　滑石中学校生徒一同

〈発展〉

子どもたちの感想をいくつか紹介したいと思う。

・ぼくはいちばん最初のソロで、かなり重要な役を任された。練習の時は恥ずかしくて大きな声が出せなかったけど、何回も何回も練習していくうちに、自信がついて本番では堂々と発表することができた。みんなで一つのことをやり遂げたという達成感があって、中学校最後のいい思い出になった。（三年生）

・初めて群読をやってみたけれど、みんなと声を合わせるのがとても難しくて、最初はうまくいくかどうかとても不安だった。本番ではちょっと間違えたところもあったけど、挑戦してよかった。(二年生)

・自分たちで苦労して作った平和宣言文を、推進委員全員で発表できてよかったと思う。来年も推進委員になってもっと練習をたくさんして、いい集会にしたいと思う。(一年生)

・今年の平和集会はいつもと違って、びっくりした。平和宣言文は一人が読むよりも、今年みたいに大勢で読んだ方が迫力もあるし、思いが伝わると思った。(三年生)

今回は準備期間が非常に短く、練習があまりできないまま本番を迎えてしまったが、子どもたちは充実感を味わうことができたようだ。音楽の先生がボランティアでＢＧＭに合う曲を提供してくれ、とてもいい効果があったが、爆撃音や原爆落下時の効果音も入れたらいいのではないかという意見もあった。

来年はもっと早くから準備をし、今年の群読を発展させたいと思う。

◆中村実践に学ぶ◆

＊重水　健介

毎年八月九日に行われる平和祈念集会を、群読を活用して大きく発展させた実践である。中村先生は、前年までの方法にとらわれることなく柔軟な発想で、子どもの意欲を引き出しながら取り組んでいる。

この実践から学ぶ点は多い。

第一は、実行委員会を「人数制限なし」とし、やる気優先の希望制で、八〇名という大人数を集めたことである。行事に限らず、活動を成功させるカギは、それを推進する多数の勢力をつくることである。

第二は、実行委員全員で平和宣言を発表するために、群読を取り入れたことである。各自が役割を持ち、さらに、全員の思いを強烈にアピールできる。群読はまさに最適の活動である。この平和宣言の発表に「大勢で言葉を唱えると願いがかなう」という群読の原点を見る思いがする。

第三は、平和宣言文の作り方である。各学級から提出された平和をイメージする文章をもとに、実行委員が平和宣言文をつくるという手順が参考になる。

第四は、脚本内容にそった発表分担の工夫である。長い重要文をソロが受け持っているが、主題に関係した主張や説明は、はっきり伝えるためにソロが分担するというセオリーを学ぶことができる。

第五は、脚本内容のよさである。子どもたちが、日常の平和学習をふりかえり、戦争から環境破壊まで自分たちの問題意識を訴えるものになっている。この平和宣言を全校生徒は身近に、そして共感をもって聞いたであろう。平和宣言はこのようにありたいと思う。

第六は、群読の活動がそのまま平和教育になっている点である。「大勢で読む方が迫力もあるし思いも伝わる」という子どもの感想がそれを示している。

こうした取り組みが各地の学校に広がっていけば、子どもたちの平和認識がさらに深く確かなものに育っていくにちがいない。

群読を取り入れた平和集会の典型として、広く推奨したい実践である。

生徒会役員引きつぎ集会

長崎県・長崎市立三重中学校教諭　重水　健介

〈解説〉

昨年一二月、わたしの前任校の長崎・滑石中学校の生徒会新役員が、選挙によって選ばれた。二年生を中心に新生徒会執行部が誕生した。新執行部はこれからの活動方針を話し合い、それを「太陽の生徒会」というキャッチフレーズとしてまとめた。

旧役員から生徒会の「実権」を引きつぎ、決意を披瀝する集会で、新執行部は群読で「太陽の生徒会」を表現した。以下の発表内容は、新執行部の子どもたちが考え、顧問教師が助言しながら群読にまとめたものである。

〈読み手・演出ノート〉

ステージ上には生徒会新執行部（会長・副会長・書記・執行委員・各専門委員長の一四名）が、大きな文字を書いたパネルを持って並んでいる。

〈群読脚本〉

藤崎　次は新役員からのメッセージとスローガンの発表です。
伊藤　全校生徒のみなさん、ここに並んだ生徒会執行部は、これから一年間滑石中学校の生徒会の目標達成のために全力でがんばっていきます。……それでは今年のわたしたちの決意やみなさんにわかってもらいたいことを発表します。今年のスローガンは太陽に決まりました。
　全員　太陽。
　瀬戸口　太陽。このことばにわたしたちはこんな願いを込めました。
　全員　太陽は滑石中学校の「明るさの証」です。
平山＋宮本　いじめのない、活気あふれる明るい学校をつくります。
　全員　太陽は滑石中学校の「あたたかい心の証」です。
橋本＋橋口　けんかをしても許し合える心をみんな持ちましょう。
　全員　太陽は滑石中学校の「個性の証」です。
　平山　個性とはなんだと思いますか。
　宮本　太陽の光は赤・だいだい・黄・緑・青・藍色・紫の七色が集まったものです。僕たちはそれぞれの色を個性ととらえイメージしました。
　齊藤　人の意見はしっかり聞きます。でもそれに流されず、自分の意見をはっきり述べます。

全員　太陽は滑石中学校の「協力の証」です。
田中　太陽はある一部だけ燃えていては太陽とはいえません。
高本　小さな炎が集まって大きな炎をつくりだし大きな光になります。
橋口　協力はどんなにつらいことでも、それを支えてくれる人がいれば大きな力になります。
長田　ひとりはみんなのために、みんなはひとりのために協力しあいましょう。
全員　太陽は滑石中学校の「挑戦の証」です。
齊籐　何事にも熱い気持ちで熱を入れてがんばるところから挑戦をイメージしました。
藤崎　先輩方の伝統を引きつぎながら、新しい滑石中の風を取り入れるため挑戦していきます。
橋本　明るさ。（三人が「明」「る」「さ」と大きな文字で書いたボードを高く掲げる）
平山　あたたかい心。（六人があたたかい心というボードを掲げる。以下同様）
宮本　個性。
岡田　協力。
川渕　挑戦。
藤崎　この五つをまとめて太陽としました。
１人　太陽。
２人　太陽。
６人　太陽。

全員　太陽。
伊藤　太陽をめざす生徒会をつくりあげていきたいと思います。
全員　よろしくお願いします。

〈発展〉

この群読は大きな拍手によって称えられた。生徒会活動を「太陽」にイメージして表現したこともさることながら、群読によって表現したことが執行部のやる気を力強く示したとして、好感をもって迎えられたからである。

以来、生徒会の集会にはかならず群読が登場するようになった。開会の言葉、アッピールなど、群読が用いられるようになった。一人で話すより訴求力があり、楽しくおもしろいからだろう。

◆◆重水実践に学ぶ◆◆

＊片桐　史裕

重水先生の実践を読み、群読の新たな教育的意義に気付いた。それは群読表現者の気持ちのまとまりである。群読というと表現そのものに意識が向けられがちである。シナリオを上手に演じられたか、声は出ているかなど。しかし重水実践の群読はそのことだけが目的ではないと感じた。

三つのことを学んだ。

1　この実践の目的は生徒会執行部が群読によりまとまることであり、執行部のメセージと執行部のまとまりを生徒一人ひとりに伝えることであろう。

これは言語表現教育の枠を飛び出て生徒指導にまで及んでいる群読実践と言える。

表現だけでは生徒会執行部の決意は伝わらない。決意を上手に伝えるためには執行部がばらばらではいけない。執行部がまとまるために群読で表現する。このような歯車がうまく回った実践だったと思う。

そして「決意を伝える」「執行部がまとまる」「群読で表現する」という三輪が相乗効果を生み出した実践だったのではないか。

2　群読のシナリオも難しい技巧はない。単純だが力強い推進力にあふれている。全校生徒に決意をアピールするにはよけいな技巧は必要なく、むしろシンプルなものの方が効果があると考えたからだろう。ラストに向かい「太陽」の語の連呼により盛り上げていく。クライマックスの風景がシナリオを読むだけで頭に浮かんでくる。

3　群読でみんなの決意を表現することにより、まさに「魂」が「言葉」にのり、群読は「言霊」となったのではないか。だからこそ「執行部のやる気を力強く示す」ことができたのだろうし、聞く側も「好感をもって」迎えることができたのである。

人はだれでも、気持ちが素直に伝わればしぜんに感動するものだ。

「以来、生徒会の集会には必ず群読が登場するようになった」とあるが、この実践は滑石中学校の一つの「文化」を創造した原点であった。

第3章　教師たちの群読

学年びらきで響いた教師の声

神奈川県・横須賀市立長沢中学校教諭　山口　聡

〈解説〉

新学期最初の学年集会を、「最初が肝心」と校則の徹底や教師の威厳を示す場としてとらえる学校が多い。しかし、学級びらきがそうであるように、子どもたちが「この学年なら頑張れる」「よし、やるぞ」と前向きな気持ちになるような、明るいトーンの学年びらきが必要である。

わたしたち中学三年の学年教師団（八名）は、学年最初の集会を学年びらき、最後の学年集会を学年じまいととらえ、学年教師団による合唱や群読を発表してきた。合唱や群読を子どもたちの前で発表することで、「先生たちも一緒にがんばる」という決意を伝えるねらいもあった。

三学年に進級して最初の学年集会では、「心に太陽を持て」という詩を、群読形式で発表した。音楽科の教師には、群読に合わせて、ＢＧＭで「翼をください」をピアノで演奏してもらった。

〈演出ノート〉

学年の教師全員が、子どもの前で群読の発表をすることに慣れているわけではなかったので、「今年は、最初の学年集会で詩の朗読をやりましょう。当日ぶっつけ本番で先生方ができるようにシナリオと台本を用意しておきますので、心配いりません」と、朝の学年打ち合わせでわたしから提案した。前年度の職員合唱の経験と、「練習しなくてもできそうだ」という安心感から、「よし、やろう」と学年教師全員が意欲を示してくれた。

一回も練習せずに本番を迎えたが、事前にシナリオを色画用紙に印刷しておいたので、それを読みながら堂々と発表することができた。

〈群読脚本〉

A　心に太陽を持て
B　嵐が吹こうが、雪が降ろうが、
C　天には雲
D　地には争いが絶えなかろうが
全員　心に太陽を持て
E　そうすりゃ何が来ようと

全員　平気じゃないか
F　どんな暗い日だって
G　それが明るくしてくれる

B　くちびるに歌を持て
F　ほがらかな調子で
D　毎日の苦労に
A　もし心配が絶えなくても
全員　くちびるに歌を持て
C　そうすりゃ何が来ようと
全員　平気じゃないか
E　どんな寂しい日だって
G　それが元気にしてくれる

D　他人のためにも
AC　言葉を持て
B　なやみ、苦しんでいる他人のためにも

G　そうして何でこんなにほがらかでいられるのか
E　それをこう話してやるのだ
ABCF　くちびるに歌を持て
D　勇気を失うな
E　心に太陽を持て
B　そうすりゃ何だって
全員　ふっ飛んでしまう

〈発展〉

学年集会で学年教師団による群読を発表すると、子どもたちは拍手喝采、大喜びしてくれた。「皆さんも卒業までの一年間、ちからを合わせて素晴らしい学年にしていってください。先生方も一緒にがんばります。今回は先生方による群読の発表でした。さて、卒業前の最後の学年集会では、先生方は何を発表するでしょうか。皆さんお楽しみに」と言葉を添えて、発表を終えた。

教師団も、子どもたちの喜びように気を良くしていたので、卒業前の最後の学年集会では、八人でアカペラでの四部合唱「学生歌」を練習して発表した。「みんなで一つのことをやって発表するのは、学年教師の結束を作ることができていいわね」と話す教師もいた。子どもたちが楽しみ、教師も楽しみ、そして、学年教師の輪をつくる群読の取り組みになった。

◆◆山口実践に学ぶ◆◆

※重水　健介

年度始めの学年集会で、教師が、子どもたちへのメッセージを群読で発表した実践が報告されている。この実践からいくつもの教訓を得た。

第一は、学年教師の指導姿勢である。「校則の徹底」や「教師の威厳」という管理的な姿勢でなく、子どもを励まし、やる気を引き出そうした教育的態度である。指導とは子どもの意欲に結びついて成立するからである。

第二は、脚本の工夫である。「子どもの前で発表することに慣れていなかった」教師たちが、すぐに群読を発表できるように、山口先生は脚本を工夫した。各教師のソロを多用し、自分のパートに集中しやすくしたことや、重要文をコーラスにして、思いがはっきり伝わるようにしたことである。

第三は、取りあげた作品のよさである。「心に太陽を持て」という詩は、わかりやすい表現で、子どもたちに勇気を与える内容である。各文も読みやすく、まさに群読に適した題材といえる。

第四は、教師の文化性と指導の輪の深まりである。教師の群読に、子どもたちは拍手喝采だったとある。教師の気持ちがストレートに伝わったからであろう。この群読の成功に励まされ、学年教師は、卒業前の学年集会で、四部合唱に挑戦している。「みんなで一つのことを発表するのは結束が深まっていいわね」と話す教師の言葉から、教師間の親密さが増し、指導の輪が広まっていったことがわかる。

第五は、山口先生のはたらきである。「群読をやりましょう」と呼びかける山口先生は、けっして強引ではない。下地を支える仕事は自らが引き受けながら、実践の賛同者を増やしている。だから、まわりが呼びかけに応じたのである。群読の成功だけに目を奪われることなく、こうした山口先生の姿勢も学びたいものである。

教師の意思を集団で示し、子どものやる気を高めた実践として、広く推奨したい報告であった。

教師のメッセージを群読にのせて

北海道・札幌市立厚別北中学校教諭

橋本 尚典・荻原 啓

〈解説〉

学年びらきは、生徒が一年間共に活動する教師集団とはじめて出会う場である。中学二年生の学年びらきで、学年教師集団による群読を発表した。

そのねらいは非常に欲張りであるが、次のことである。

1．群読の取り組みを通して教師団の心の内の一端を明らかにしあう。

2．群読練習という文化活動を通して教師のスクラムを築く。

3．われわれ教師からのメッセージを生徒の心に残るように伝える。

4．今後の学年の活動に文化を位置づけていく。

新学期を迎えて、学年教師の顔合わせのとき、一人ひとりの教師の生徒への思い、学年への想い、「こういう生徒に育ってほしい、育てたい」という夢とロマンを充分に語り合い、年間テーマを「大波」に決めた。

その「大波」のイメージを、国語科の教師に詩にしてもらい、群読脚本としてしたててもらった。それを学年びらきに、われわれ教師の群読として発表した。脚本は国語科の荻原啓先生が作成し、学年びらきまで練習を重ね、当日は「大波」をテーマとしたコントを演じ、盛り上げたあとに、群読を披露し、最後に、教師一人ひとりから自己紹介をして集会を締めくくった。

次年度は、詩の中に生徒の言葉を入れようと考え、国語科の教師（荻原氏）の力も借りて取り組み中である。

〈読み手〉

脚本はオリジナルである。集会のねらいを達成しようとねらって作成した。

学年教師集団一二名全員が出演。

シナリオのA～Gまでは各学級担任が、H～Lまでは副担任が読んだ。調子が七五調なので、変化が現れるように読み手を検討した。

〈演出ノート〉

はじめのD「さらさら」は、かすれるように静かに表現する。導入で、聞き手の側を集中させたい。ソロは朗々と表現する。コーラスはソロを殺さないように、控えめに表現する。このとき、息を合わせてリズム感を出すことを意識する。「風に吹かれる～」からは少し強めに表現する。このとき、ソロがコーラスに負けないように注意する。「ぼくらの力は無限大」以降は、全員で。一番強く、強く訴えかけるように表現する。

群読「BIG WAVE」　作・演出　荻原　啓

ソロ		コーラス	
D	さらさら　さらさら		
		BL	さらさら　さらさら　さらさら　さらさら
	（二拍の間）		
A	たった一つの　水の粒	AB以外	さらさら　さらさら　さらさらら
B	それはほんとに　小さくて		さらさら　さらさら　さらさらら
AB	砂に飲まれて　消えていく		さらさら　さらさら　さらさらら
C	けれどもひとたび　集まれば	CD以外	ぽつぽつ　ぽつぽつ　ぽつぽつん
D	それはすべてを　飲み込んで		ぽつぽつ　ぽつぽつ　ぽつぽつん
CD	やがていずれは　海になる		ぽつぽつ　ぽつぽつ　ぽつぽつん
E	ぼくらもまるで　水の粒	EF以外	さらさら　さらさら　さらさらら
F	一人一人は　小さくて		さらさら　さらさら　さらさらら
EF	時の流れに　飲み込まれ		さらさら　さらさら　さらさらら

G	けれどもひとたび　集まれば	GH以外	ぽつぽつ　ぽつぽつ　ぽつぽつん
H	やがていずれは　海のように		ぽつぽつ　ぽつぽつ　ぽつぽつん
GH	すべてを包んで　輝ける		ぽつぽつ　ぽつぽつ　ぽつぽつん
I	風に吹かれる　海の水	IH以外	ざんざん　ざんざん　ざぶんざぶん
H	小さな波は　肩寄せて		ざんざん　ざんざん　ざぶんざぶん
IH	大きな波に　身を変える		ざんざん　ざんざん　ざぶんざぶん
J	大きな波は　逆巻いて	JD以外	どんどん　どんどん　どぶんどぶん
D	大きな岩をも　飲み込んで		どんどん　どんどん　どぶんどぶん
JD	岩を砕いて　引いていく		どんどん　どんどん　どぶんどぶん
K	ぼくらの力も　何度でも	KL以外	どどどど　どどどど　どどどどどどん
L	大きな波と　同じように		どどどど　どどどど　どどどどどどん
KL	一つになって　わき上がる		どどどど　どどどど　どどどどどどん
全員	ぼくらの力は　無限大		
全員	ぼくらの力が　集まると		
全員	みんなの夢も　花開く		
	（二拍の間）		
全員	おお〜っ！		

〈発展〉

学年びらき集会の後、国語科と連携をとり、授業の中で生徒に挑戦させた。教科の学習を通して表現力を培うことと、群読の活動を体験させ、間接的に学級づくりが円滑に進むように考えたのである。

国語科では「話すこと・聞くこと」の観点を見取る、投げ込み教材として配置した。「大きな声を出して表現すること」「互いの声を聞き合い声をそろえること」を授業を通して体験的に学ぶことができた。

一度教師の発表を見ているためか、生徒の反応も非常に前向きであり、楽しそうに取り組んでいた。生徒は、それぞれ群読のおもしろさと難しさを感じたようである。結果的に、学年びらき集会を振り返り、詩を自分たちの身近なものとしてとらえることが出来たと考える。

その後、学年PTA集会において教師集団が保護者の前で披露し、詩を三者で共有しつつ学年づくりの願いを広めることができたことが収穫である。次年度の学年テーマは「津波」に内定している。今年度の学年教師集団は、生徒が持つ長所の一つ、「エネルギッシュ」な面をのばして行きたいと考えた。この学年では、一年は「ALL　WAVE」、二年は「BIG　WAVE」という親しみやすい学年テーマを設定することにより、より明確に生徒を育てる願いを立ててきた。

三年では「津波」というテーマを設定し、三か年のビジョンにつながりを持たせることになっている。次年度の学年びらきには、教師作成の詩を教師の手で群読することと、生徒作成の詩を生徒の手によって群読することを計画中である。

◆◆橋本・荻原実践に学ぶ◆◆

※毛利　豊

まず教師が子どもの前でして見せる教師群読の実践である。「して見せて　ともにしてやり　させてみて　ほめてやらねば　人は動かじ」という言葉を思い出す。学ぶ点を、六つあげたい。

第一に、教師の意気込みを、言葉だけではなく、行動で示したことである。ふつうはここまではしない。これだけで、生徒に先生方のやる気と団結がしっかり伝わったことだろう。行動は言葉よりも声が大きいからである。

第二に、教師から生徒へ、保護者へと、学校を構成する三者に、群読を学年文化として共有しようとする姿勢である。三者協議会とか学校協議会とかが盛んに言われる今日であるが、文化活動から入るのは、楽しくてよい。

第三に、国語科の教師と連携して、脚本を自作している点である。できあいの脚本では、自分たちの思いを正確に伝えるには限界がある。その点、自作脚本は、一字一句が相手に伝わるように書くことができる。こういう技能をもつ教師がいれば、共同するにこしたことはない。

第五に、テーマが、三年間で統一されている点である。「AAL WAVE」「BIG WAVE」「津波」と、小さな水滴が集まって次第に大きくなり、発展していく様が面白い。ちなみに、津波は英語でもTUNAMIなので、英語で統一して表記するとよいかもしれない。

第六に、表現の細部に工夫があることである。たとえば、全体が七五調になっていたり、コーラスの擬音語が凝っていたり、最後を全員で盛り上げたりというところである。

まとめて言えば、教師が、自作して、三年間かけて発展的に構成し、親・子どもにも広げているところがすばらしい。

群読による文化活動を中軸として、生徒・保護者・教師の心の交流をはかり、一粒の雨が次第に大きなうねりとなって、三年後には津波にまで育てたユニークな学校づくり実践である。

第4章　地域での群読

群読の楽しさを地域高齢者の皆さんと

神奈川県横須賀市在住　新田茂子

＊公民館での群読講座に参加

二〇〇二（平成一四）年七月から神奈川県横須賀市・逸見公民館で、家本芳郎先生のご指導による群読講座（全二回）が開催されることを知ったわたしは、往復はがきを投函、多数の応募者の中から幸運にも参加権を得ることが出来た。

毎回の講座は、穏やかな人間味あふれる先生のご指導のもと、早口言葉から始まり、古典、現代文、民話など多種多様な題材に加え、折に触れた適切な解説と作者のプロフィールの紹介は、わたしたちの知識欲をむさぼり、講座の楽しさは回を重ねるごとに膨らんでいった。

参加者全員で行う朗読、特に群読での一瞬の緊張と読み終えたあとの安堵感、満足感は大きく、心の感動を覚えることもたびたびである。このことは次回への期待を膨らませ、家での練習にもおのずと力が入ることになる。

こうして、二回で家本先生の群読講座が終わるのを惜しむ皆さんから、自然発生的に声が出て、先生を招いての「群読の会」がスタートすることになった。回を重ね群読の楽しさを味わったわたしは、この楽しさを地域高齢者の皆さんと共有することができればとの思いを強く抱くようになった。

*わたしのボランティア活動と朗読

わたしはこの十数年、個人ボランティアとして、老人ホームや地域の老人会で、リズム音楽や体操、歌の指導、ときには本の読み聞かせなどを続けてきた。

わたしがこの活動の中で自分なりに配慮をしてきたことがある。それは言葉の持つ響きを大切にすることであり、「優しい、美しい、明るい、そして元気な言葉」も、それを伝えようとする相手に（特に高齢者）対する配慮がなければならないということである。

これらの活動を進めるときは、押し付けではなく、美しい響きを持った言葉で接することによって、参加者からおのずと喜びや満足感、そして笑顔が生まれてくることを実感してきた。わたしはこうした経験から、プログラムに朗読を加えることにした。

ここで、わたしが深く関わっているグループを紹介したい。グループ名は「すえひろ会」、年齢は七六歳から九〇歳、会員数五三名である。わたしはこの会の年間一二か月のプログラム作りから意欲的に参加し、皆さんと共に活動を楽しんでいる。

活動プログラムに朗読を取り入れた目的の一つには、高齢に伴い「話すこと、聞くこと、読み取ること」などの能力の衰えを、仲間とともに楽しみながら予防することができたらと、そんな思いもあったからである。

わたしが取り入れた方法は、美しい日本語教育の中ですごされた会員の皆さんに「歌舞伎、狂言、落語、小説、短歌、詩」などの一部を朗読し楽しむことである。

最初の朗読の日、「初恋」を読まれた女性の方は、「なんだか恥ずかしいわ」とつぶやきながら昔を懐かしむかのように優しく読まれた。「白波五人男」を読まれた男性は、両足を踏ん張り大きな声を張り上げ堂々と読まれ拍手喝采を受けた。

わたしは皆さんの朗読を聞きながら、ぎこちなさの中にも読み手によって、作品の味に違いが生まれることにも気付いた。こうしてわたしは会員の熱心さと楽しむ様を見て、もっと皆さんが楽しみ満足できるような朗読のあり方について、技術的に学びたいと思い始め、探す中で、家本先生の講座にたどり着くことができたのである。

＊「祭りだ　わっしょい」に取り組む

七月講座の題材で「祭りだ　わっしょい」（北原白秋・家本芳郎編）の群読指導を受けた。活気があり、祭りの雰囲気そのままで読み応えのある作品だと思った。そして、この作品こそ多くの祭りを楽しんでこられた「すえひろ会」の皆さんに適した題材だと思い、これをプログラムに取り入れることにした。

二回、三回と練習を繰り返しているうちに、さすが多くの祭りを見たり楽しんだりしてこられた皆さん、神輿をかつぐ足踏みそのまま体を左右に揺らし、こぶしを握り力強い活気のある「わっしょい」が集会場いっぱいに響くようになった。そしてまた読み終えた皆さんの表情からは、心地よい疲労感と満足感を読み取ることができたような気がし、群読の最初に「祭りだ　わっしょい」を選んで良かったとの思いを強く抱いた。

わたしはこのことに意を強くし、もっと多くの皆さんと一緒に「祭りだ　わっしょい」を楽しむことができたらと、一つの企画を考えた。それはグリーンハイツ連合自治会の敬老祝賀会に参加する皆さん全員で、この群読を楽しむことである。

わたしなりに考えたことは、

①すえひろ会の男性一〇名が声を揃えてソロを担当。

②「アンサンブルとコーラス」は参加者全員で

③群読を祝賀会プログラムの殿《しんがり》に据え、百余名による「祭りだ　わっしょい」の声を会場いっぱいに響かせ祝賀会を締めくくる。

わたしは自治会長にこのプログラムとわたしの意図を説明し、敬老祝賀会への参加を申し出た。自治会長はわたしの申し出をすべて受け入れてくださったばかりでなく、他の自治会役員と一緒に応援をするとの申し出でを受けることになった。

わたしは自分が描いていた当日の演出に必要な準備に取りかかった。

①拍子木を、開始、合いの手、終了の合図に使う。祭りの縁起物として最初と最後に切り火を打つ。
②ソロの服装、豆絞りの手ぬぐいと団扇を揃える。
③群読のプリントを一三〇名の参加者全員配布する。
④群読終了後の余韻を楽しむため「お祭マンボ」の曲を流し、ソロの歌に続き「わっしょい」の合いの手をみんなで入れる。
⑤ソロの練習に合わせ、コーラス・アンサンブルをリードするため二〇名の会員で三回の練習を行う。
九月に入り、暑い中を二〇名の皆さんが熱心に練習に参加、回を重ねるたびに声の出し方、アクセント、間の取り方など相手の声を意識して読み合わせることができるようになってくる。毎回二時間の練習は合間に冷たいお茶でのどを潤しながら続けられた。

練習には自治会役員の応援も加わり、当日の「拍子木」や「切り火」の打ち手、最後の「お祭りマンボ」のソロの歌手は女性役員が引き受けて下さるなどで、練習にも力が入ってくる。

当日使う団扇の絵柄、参加者が読みやすいプリントの作成など、工夫を凝らしてくださる自治会役員の協力を得て、「祭りだ　わっしょい」はいよいよ本番を迎えることになった。

＊「祭りだ　わっしょい」本番！

敬老祝賀会のプログラムの最後が「祭りだ　わっしょい」だ。わたしはひとこと祝賀挨拶を述べた後、みんなで楽しむ群読の趣旨と演出の流れについて説明をし、参加者全員の練習に入った。

バッチリ決まった「祭りだ　ワッショイ」

開始の合図の拍子木がカーンと鳴る。まってましたとばかり「まつりだぞー」、のばして引く発声による力強い一〇名のソロ集団の掛け声に、アンサンブルの声が続く。拍子木の合いの手が入り、ぎごちなくバラバラだった一三〇名の声が、終わり近くなって一つになり力強くなってきた。

最後の「お祭りだ」、そして終わりを告げる拍子木の音、皆さんのほっとした表情がわたしに向けられる。わたしは思わず拍手をし、「とても素晴らしかった。どうぞ本番もこの調子で楽しんでください」と告げる。

いよいよ本番に入り、大きく心地よい拍子木の音が響く。一〇名のソロは両足を踏ん張りお互いの団扇で合図をし、「まつりだぞー！」元気な声で踏み出す。アンサンブルが続く。リズムが揃い「わっしょい！　わっしょい！」の掛け声が一つになって会場いっぱいに響きわたる。神田のまつり、浅草のまつり、汐入のまつりなど、どっしりとした神輿を、意気の合った掛け声と共に軽やかな足取りでかつぎ、通り過ぎていく……そんな情景がふとわたしの目に浮かんできた。

最後を告げる拍子木の音で一瞬の静寂が会場を支配する。続いて「お祭マンボ」の静かな前奏に続き、女性のソロによる「わたしの隣のおじさんは……」の歌声が流れはじめ、やがて参加者全員による「わっしょい！　わっしょい！」の掛け声が再び会場に響きわたり、敬老祝賀会は最高潮に達し、大きくゆったりとした拍子木が本番終了を告げた。

ソロの皆さんの少し興奮気味な顔、ふだん出したことのない大きな声でアンサンブルを担当した皆さんの満足げな顔。

こうして、一三〇名の群読「祭りだ　わっしょい」は感動の余韻を残して終わった。

わたしは、多くの皆さんが同じ目的をもって集い、練習を重ねて作り上げた「祭りだ　わっしょい」によって、「笑い喜び」合った中から「やり遂げた」という達成感を共有できたことに、心から感謝したい気持ちと、言葉のもつ力を改めて知らされた一日であったことを実感した。

わたしはこの経験から、みんなでつくり上げることができるこの群読を、もっと多くの高齢者と一緒に楽しめる場を広げるようにしていければと、ふとそんなことを考えた。

〈読み手〉

●　ソロ
▲　コーラス
¶　拍子木　一つ
¶¶　拍子木　二つ
♪　歌「お祭マンボ」

〈群読脚本〉

¶
●祭りだぞ
▲祭りだぞ
●みこしがでるぞ
▲みこしだぞ
▲くりだすぞ
▲ねりだすぞ
¶
●むこう鉢巻　きりっと締めて

▲わっしょい　わっしょい
▲わっしょい　わっしょい

●背中に花笠　揃いのはっぴだ
▲揃いのはっぴだ
▲わっしょい　わっしょい

●みこしだ　みこしだ　ハイツの祭りだ
▲ハイツの祭りだ
▲わっしょい　わっしょい

●山椒は小粒で　ぴりっと辛いぞ
▲これでも勇みのハイツの仲間だ
▲わっしょい　わっしょい
▲わっしょい　わっしょい

●しっかり担いだ　死んでも放すな

▲そらもめ　そらもめ
▲そらもめ　そらもめ
●まわせ　まわせ　ぐるっとまわせ
▲ぐるっとまわせ
▲わっしょい　わっしょい
▲わっしょい　わっしょい
●塩まけ　水まけ　景気をつけろ
▲塩まけ
▲水まけ
▲景気をつけろ
●わっしょい　わっしょい　そらどけ　そらどけ
▲みこしが通るぞ
▲金魚屋も逃げろ
▲ほうずき屋も逃げろ

●わっしょい　わっしょい
▲わっしょい　わっしょい
▲わっしょい　わっしょい

●祭りだ　祭りだ
▲祭りだ　祭りだ
●▲祭りだ　祭りだ
¶
●▲お祭りだ
¶

♪　わたしのとなりのおじさんは
神田の生まれで　チャキチャキ江戸っ子
お祭り騒ぎが大好きで
ねじり鉢巻　揃いのゆかた
雨が降ろうが　ヤリが降ろうが
朝から晩まで　おみこしかついで

ワッショイワッショイ
ワッショイワッショイ
景気をつけろ　塩まいておくれ
ワッショイワッショイ
ワッショイワッショイ
ソーレ　ソレソレ　お祭りだ　（以下　三番まで歌う）

＊すえひろ会、今年の群読

今年一月の群読のスタートは「信濃の一茶」を題材に選んだ。四〇名の声が揃い、静かなリズムを刻みながら一茶の生涯を読み進む、聞き覚えのある俳句のところでは、期せずして間がそろい、西條八十の作品に何か深みが加わるような気がし、群読の魅力を新たに味わった思いである。

できるなら、わたしはこれからも家本先生の指導を受け、群読の魅力をさらに深められるよう努力し、高齢者の皆さんと共に楽しむ場を、少しでも多く持つことができるようにしていきたい、との思いを強くしているこの頃である。

◆◆新田実践に学ぶ◆◆

※重水　健介

新田さんは地域の群読講座に自ら参加し、そこで得たものを長年の取り組みであるボランティア活動に生かしている。この実践に学ぶことは多い。

第一に、相手を思いやる言葉である。

美しい響きのある言葉を使って、相手を配慮しながら話すことで、お互いの心が通い合うと新田さんはいう。この気持ちのなんとあたたかいことか。冷たい言葉や荒い話し方、自分本意な接し方ではうちとけた関係はできない。人と交わるときの大切なマナーを指摘している。

第二は、群読の知的な効用である。「声を出すことで言語能力の衰えを予防する」という方針が鋭い。群読は、各自が役割を持ち、まわりと息を合わせながら声を出す活動だが、ここに記された参加者の姿から、その方針の正しさがわかる。

第三は、群読の体力面での効果である。

一定の時間、声を出すことは、歩くことに匹敵する運動量である。とくに、声量を必要とする作品は、ほどよい運動になっていることがわかる。

第四に、年間計画の緻密さである。

群読活動の山場に敬老祝賀会を位置づけ、そこまでの過程で歌舞伎や狂言、短歌や詩など様々な朗読を取り上げている。これは、参加者のモチベーションを高める、すぐれた実践計画として参考になる。

第五は脚本に合った的確な役割分担である。

「祭りだ　わっしょい」では、男性一〇名がソロを受け持っているが、祭りの開始を勇壮に告げる情景が浮かぶ。また、他のパートは、全員で読んでいる。これは、脚本イメージを損なわず、参加者の年齢や構成を配慮した分担として参考になる。

第六に、演出の工夫である。

発表時の衣装。拍子木、切り火などの小道具。群読と歌をメドレーでつなぐアイデア。どれも群読を効果的にするユニークな工夫である。

学校以外の場所にも群読の活動場面を広げていくひとつの方向性を示す実践であった。

Ⅱ　群読脚本づくりから発表まで

1　脚本づくり

1　群読の教材

群読はまだ新しい文化活動なので、専門の脚本はきわめて少ない。とくに、学校現場で使える群読教材は皆無といってよい。群読実践をすすめている教師が、既成の作品を脚色して教材化している。やがて、専門の群読作家が出て、作品を発表するようになるまで、この状況が続くことになろう。

2　素材を選ぶ

群読の脚本は、素材選びからはじまる。最初は「多様な声を必要とする韻文」を取り上げることをすすめたい。ここに、北原白秋の「和尚さんと小僧さん」という詩がある。最初は、こういうリズムのある平易で親しみやすい詩を選ぶとよいだろう。

「和尚さんと小僧さん」　北原白秋

ここは山寺、和尚さま。

餅は食べたし、欲ァふかい、
焼いて煮ましょか、こっそりと。
そこで小僧たち考えた。

「えへん、よござろ、和尚さま、
名前かえましょ、わたしたち」
「ふふん、よしよし、何だ、名は」
「ぶうぶう」「くたくた」「うまいうまい」

夜はふけます、和尚さま、
餅は食べたし、欲ァふかい。
焼いて煮ましょか、こっそりと、
よいな、ひとりでこっそりと。

餅を焼きます、ほう、あつい。
息をぶうぶう吹きかける。
「はあい、和尚さま、何御用」

それと小僧さんかけつける。

鍋に入れます、焼いた餅、
餅はくたくたたぎりだす。

「どうれ、和尚さま、何御用」

中の小僧さんお手をつく。


餅は煮えたて、湯気はたつ。

うまいうまいと声立てる。

「へえい、和尚さま、何御用」

あとの小僧さん、目でじろり。

しかたなくなく、和尚さま、
焼いたはしから、そらお食べ、
煮たったはしから、そらお食べ、
みんな食べられ、こまり餅。

3　脚本にする

この詩を群読用の脚本に脚色する場合、劇の台本のようにつくるとよいだろう。登場人物がはっきりしているので、脚色しやすい。

それでは、なんとなく物足りないと思ったら、イメージを切り替えてみる。わたしは「劇」から「音楽」へ切り替える。たとえば、オペラだったら、どう表現するだろうかとイメージしてみる。オペラは序曲ではじまる。コーラスがあり、ソロ歌手のアリアがあり、バック・コーラスを背景にソロ歌手によるアリア（重唱）がある。

劇は、順番に台詞を読むが、音楽は人の声が重なり、楽器が重なって分厚い和音の世界をつくりだす。群読は、劇よりも音楽に近い世界をイメージすると、いろいろな工夫が思い浮かぶ。

なお、脚本にする場合、作品に手を加えてはならないということはない。テキスト・レジーといっていろいろ修正していいのである。

学級でこの作品をとりあげたとき、次のような工夫があった。

a　冒頭、夜の山寺の雰囲気を表わす効果音を入れる。
b　台詞にあたる部分は、人物をきめて読む。
c　地の部分は、ナレーターとコーラスで読む。
d　バック・コーラスをつけて情景を彩る。

e　繰り返しを用いて、諧謔味を出す。
f　最後は終末効果をあげるためゆっくり落とす。

4　脚本例

人物　タイトルを読む人　一人（コーラスの人が兼ねてよい）
ナレーター　一人（二人で交替してあたってもよい）
効果音とB・Gを担当する人　三人くらい
コーラス　六人くらい（効果音を出す人を含めてもよい）
和尚さん
先の小僧さん「ぶうぶう」
中の小僧さん「くたくた」
後の小僧さん「うまいうまい」

タイトル読み　**北原白秋作「和尚さんと小僧さん」**

効果　寺の鐘の音　ゴーン、ゴーン、ゴーン、ゴーン、ゴーン、ゴーン
ふくろうの声　ホー、ホー、ホー、ホー、ホー、ホー、ホー

木魚を打つ音　ポク、ポク、ポク、ポク、ポク、ポク、ポク、ポク、ポク（S・O）

ナレーター　ここは山寺、和尚さま。

コーラス　餅は食べたし、欲ァふかい。

ナレーター　欲ァふかい、

コーラス　焼いて煮ましょか、こっそりと。

三人の小僧　こっそりと。

コーラス　そこで小僧たち考えた。

三人の小僧　A

和尚　「えへん、よござろ、和尚さま、名前かえます、わたしたち」

先の小僧　「ふふん、よしよし、何だ、名は」

和尚　「ぶうぶう」B

中の小僧　「ぶうぶう!?」

和尚　「くたくた」C

後の小僧　「くたくた!?」

「うまいうまい」D

和尚　「うまいうまい!?」
効果　ふくろうの声
ナレーター　夜はふけます、和尚さま、
餅は食べたし、欲ァふかい。
和尚　焼いて煮ましょか、こっそりと、
よいな、ひとりでこっそりと。
コーラス　こっそりと。
ナレーター　餅を焼きます、　(B・G)ブー、ブー、ブーブーブー、
和尚　ほう、あつい。　ブー、ブー、ブーブーブー、
ナレーター　息をぶうぶう吹きかける。　ブー、ブー、ブーブーブー、
先の小僧　「はあい、和尚さま、何御用」E
ナレーター　それっと小僧さんかけつける。
ナレーター　鍋に入れます、焼いた餅、　(B・G)クタクタクタクタ、

餅はくたくたぎりだす。　クタクタクタクタ………
中の小僧　「どうれ、和尚さま、何御用」F
ナレーター　中の小僧さんお手をつく。
ナレーター　餅は煮えたて、湯気はたつ。
うまいうまいと声立てる。
和尚　「うまいうまい、うまいうまい」
後の小僧　「へえい、和尚さま、何御用」G
ナレーター　あとの小僧さん、目でじろり。
ナレーター　しかたなく、和尚さま、
焼いたはしから、
和尚　「そら、お食べ」　（B・G）そら、お食べ
コーラス　そら、お食べ、　そら、お食べ
ナレーター　煮たったはしから、　そら、そら、お食べ
和尚　「そら、お食べ」　そら、お食べ
コーラス　そら、お食べ、　そら、お食べ

和尚　　〈間〉
　　　　みんな食べられ、
＋コーラス　みんな食べられ……アーア（とオーバーに溜め息して）こまり餅、こ、ま、り、も、ち。
三人の小僧　ごちそうさま！　H
　　効果　　鐘の音　ゴーン、ゴーン、
　　　　　　ふくろうの声　ホー、ホー、ホー、ホー（S・O）

5　留意点

（B・G）はバック・グランドの略称で背景音、（F・I）フェード・イン「入る」の意。

（S・O）はスニーク・アウト「静かに消える」の意。＋の符号は「加わる」の意味。

とくに難しいところはないが、冒頭の「ポク、ポク」は次のナレーターが読みはじめると、バックに回って読むようにする。その場合、声を小さくして、ナレーターの読みのじゃまにならないようにする。「ブーブー」「クタクタ」も同じ。はずむように読む。


なお、群読には、いろいろな技法がある。この脚本では、その一端しか用いていないが、技法を知ると、指導にも自信がつき、表現に広がりが出てきて、子どもたちの力を充分に引き出すことができる。（くわしくは、拙著『群読をつくる』『新版楽しい群読脚本集』［高文研］などを参照。）

2 練習方法

1 学級全体→発表グループ

脚本ができたら、最初は「一班は和尚さん役」「二班は先の小僧さん」というようにして、学級全体で表現し、慣れたところで発表グループをつくり、グループ内で配役をきめて練習し、発表会を開く。発表グループのとりくみは群読活動の一つの山場である。群読の楽しさは、声を揃え、声を重ねて表現する面白さと同時に、仲間たちといっしょに、にぎやかにとりくむ過程で得られる親和感にあるからだ。

教師は、練習中、グループを回って励まし助言する。なお、グループでの脚本の修正は大いに奨励し、アイデアを出しながら面白い群読表現ができるようにする。

ただし、子どもたちから、「ここもB・G用法や繰り返しの用法を使おう」という要求が出されることがあるが、ある技法をあまり多用するとうるさくなるので、控え目に使うように助言したい。

2　動作

群読は動作をしないのが原則だが、表現を補ったり、観客の理解を助けるために、少しばかりの動作があってもよいだろう。ただし、その場でできる単純な動作に限られる。その例として、脚本のなかにA~Gを指定した。

A　「考えた」と繰り返しのタイミングで、三人の小僧は片足をふみだして顔を寄せあい、考えて「そうだ。いい考えが浮かんだぞ」という動作。ついで、三人の小僧役は半歩前へ出て、「えへん、よござろ」と続ける。

B・C・D　いずれも、自分を指さしながら言う。

E・F・G　そう言いながら半歩前に出る。

H　お辞儀する。

こうした動作についても、子どもたちの創意を引き出すとよいだろう。ただし、リズムをくずしてはいけない。そのリズムを保持しながら動作をする。

3　発表会

1　評価の観点

発表会では、グループごとにステージに上がって発表する。同じ脚本でもグループの創意が加わるから、表現の多様性が出て、楽しむことができる。仲間の意外な表現力に驚くこともあって、仲間認識がいっそう深まる。群読のもう一つの楽しみである。

発表したあとに、かならず、今の群読についての感想発表をとる。よかったところをほめあうようにすると、今後の活動にいっそう励みが出る。

評価の観点は、とりくみ過程での協力性・教材解釈・分読の分担・表現の工夫・感動など、さらに、表現の上手だった子どもの賞揚がある。

2　体型

発表するとき、どう隊形を組むかは重要である。つぎ（二一七ページ）に二例を上げたが、A図は比較的人数の多い場合の例。この効果、B・G係は、「鐘の音」「ふくろう」「木魚の音」のほかに、B・Gの「ブーブー」「クタクタ」「そらお食べ」を担当する。

B図は人数の少ない例である。もっと小人数の場合は、コーラス、効果、B・G係を減らすとよいだろう。

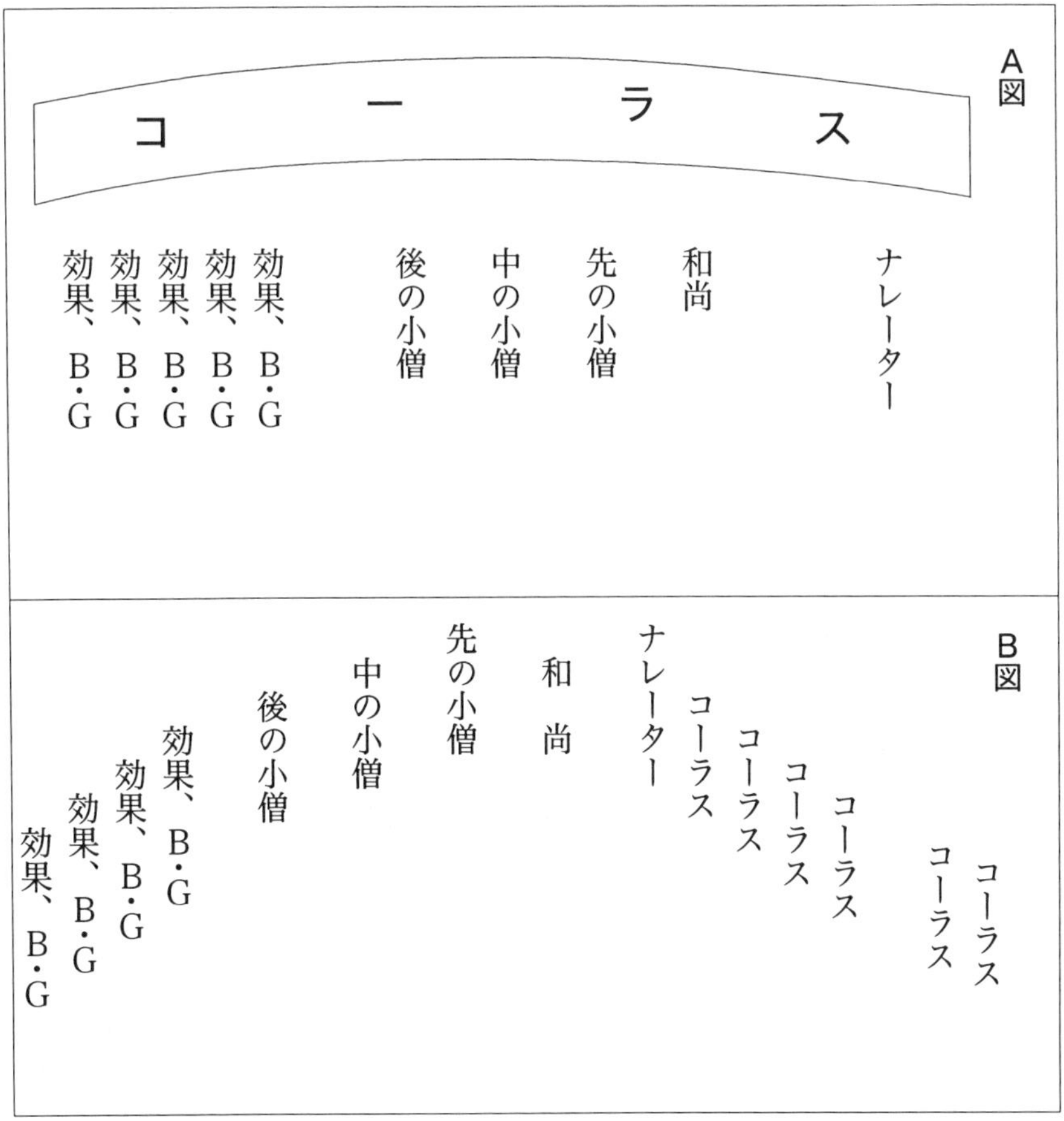
A図
コーラス
ナレーター
和尚
先の小僧
中の小僧
後の小僧
効果、B・G
効果、B・G
効果、B・G
効果、B・G
効果、B・G
B図
コーラス
コーラス
コーラス
コーラス
コーラス
コーラス
ナレーター
和　尚
先の小僧
中の小僧
後の小僧
効果、B・G
効果、B・G
効果、B・G
効果、B・G

3　衣装・照明・道具・音楽・効果

群読は原則として「声だけの文化」だから衣装・照明・道具・音楽は不要である。もっとも、小学校では視聴覚的効果を考慮する必要もあるので、衣　装や照明・音楽・道具を利用してよい。

最初と最後に、夜の山寺という雰囲気を出すため「鐘の音」などが出てくるが、この擬音は道具を使わずに口で表現する。これが日本の古典的な口舌芸で、狂言などでは擬音・擬態語はすべて口頭で表現している。この役は希望者が多く、人気の係である。

4　発展

最初は教師の用意した教材を元に、グループの創意を加えて発表会を開くが、次にはかんたんな素材を元に、子どもたちに脚本づくりから発表までとりくむようにする。

また、「学級自慢」「学校自慢」というテーマによる群読ＣＭづくり、あるいは、流行のラップを使った群読大会など面白いだろう。

また、授業や学年・学校文化活動や行事にも利用することができる。

❁日本群読教育の会の活動について――

日本群読教育の会は二〇〇二年七月三〇日、東京の全国研究集会で正式に発足しました。「群読の楽しさを学び合いましょう」を合い言葉に活動しています。

群読の意味や歴史的背景をふまえながら、日本語のもつ美しい言葉の響きをじっさいに声を出して読みながら、その技法を体験的に学んでいます。とても楽しい活動です。

また、いろいろな場所で実際に群読に取り組んだ活動を群読脚本の実践資料として収集しています。「国語の授業に取り入れてみようかな」「学級会や朝の会など学級活動でやってみよう」「演劇の中で群読ができそうだ」「入学式や卒業式などの学校行事に活用すると盛り上がるね」「地域の活動や職場の行事に取り入れるとさらに深く楽しい取り組みになりそうだな」。

群読に関心を持つ方なら、だれでも気楽に参加できます。会費は無料です。

「群読って何だろう」。群読とは初めて出会うという方、大歓迎です。さらに深く身につけたいという方もお待ちしています。ぜひ、日本群読教育の会にご入会ください。

入会をご希望のときは、その旨を事務局長または、知り合いの事務局員や常任委員にご連絡ください。

詳しくは、日本群読教育の会のホームページ（http://gundoku.web.infoseek.co.jp/）をご覧ください。

みんなで楽しく活動しながら、群読の輪を大きく広げていきましょう。

本会は次のような活動をしています。

1．年に数回、全国各地で、群読を体験しながら楽しく学ぶワークショップを開いています。つい最近では、大阪、高知、鹿児島、宮崎、東京、名古屋で開き大成功を収めました。

2．年に一回、全国的規模の研究集会を開いています。第一回集会を、二〇〇二年七月三〇日に東京にて開きました。第二回集会は二〇〇三年七月三〇日に大分県湯布院で開催します。

3．出版活動もしています。二〇〇三年の湯布院大会を記念して、本書を出版しました。毎年、出版する予定でいます。

4．群読の脚本やその実践を研究資料として収集し、『会報』をとおして会員に紹介しています。現在『日本群読教育の会会報』は三八号まで発行しています。

執筆者一覧　＊＝編集委員　（情報は執筆時のもの）

＊家本　芳郎
日本群読教育の会
iemoto@pg7.so-net.ne.jp
http://www007.upp.so-net.ne.jp/iemoto/

及川　宣史
北海道札幌市立北園小学校
n.oikawa@dream.com

荻原　啓
北海道札幌市立厚別北中学校
ogi3goo@ybb.ne.jp

＊片桐　史裕
上越教育大学大学院
niagara@cocoa.ocn.ne.jp
http://www3.ocn.ne.jp/~niagara/kokugo.htm

加藤　恭子
北海道北桧山町立北桧山小学校
katokyon@gb4.so-net.ne.jp

川崎　瑞枝
宮崎県都農町立都農小学校

坂尾　知宏
宮崎県高千穂町立田原小学校
sakao@mnet.ne.jp
http://www.mnet.ne.jp/~sakao/

＊澤野　郁文
岩手県一関市立南小学校
isawano@mac.com

＊重水　健介
長崎県長崎市立三重中学校
k_shigemizu@hotmail.com

長塚　松美
神奈川県横須賀市立森崎小学校
matsumi796sun@ybb.ne.jp

中村　聖子
長崎県長崎市立滑石中学校
seico@try-net.or.jp
http://www.try-net.or.jp/~seico/

新田　茂子
神奈川県横須賀市　主婦

橋本　尚典
北海道札幌市立厚別北中学校
jze00343@nifty.com

姫野　賢一
大分県日出町立大神小学校
aken-h@d6.dion.ne.jp

深澤　英雄
兵庫県神戸市立横尾小学校
fkazawa_@d2.dion.ne.jp

松本　順子
高知市立潮江南小学校
matumoto@crocus.ocn.ne.jp

＊毛利　豊
富山県滑川市立滑川中学校
mourihan@yacht.ocn.ne.jp

山口　聡
神奈川県横須賀市立長沢中学校
yama-s@msi.biglobe.ne.jp

山中　伸之
栃木県下都賀郡壬生町立稲葉小学校
yama-san@par.odn.ne.jp
http://www.geocities.co.jp/NeverLand-Mirai/6499/

吉田　靖
長野県伊那市立西春近北小学校
yoshiday@ina-ngn.ed.jp
http://www.ina-ngn.ed.jp/~yoshiday/

家本芳郎（いえもと　よしろう）
1930年、東京に生まれる。神奈川の小 中学校で約30年、教師生活を送った。主として学校づくり、生徒会活動、行事 文化活動、授業研究に励む。退職後、研究 評論 著述 講演活動に入る。長年、全国生活指導研究協議会 日本生活指導研究所の活動に参加し、全国教育文化研究所、日本群読教育の会を主宰。とくに群読教育の普及に力を注いだ。2006年2月没。
著書：『CDブック　家本芳郎と楽しむ群読』（高文研）ほか多数。

日本群読教育の会
「声の文化」としての群読を研究し、実践する有志の会として発足。年に一度の全国研究大会をはじめ、群読実技講座の開催や会員の実践記録集の出版、会報 脚本集も発行している。
ホームページ http://gundoku.web.infoseek.co.jp/

いつでも どこでも 群読
●2003年 7 月15日――――第 1 刷発行
●2008年10月 1 日――――第 4 刷発行

企画・編集／家本芳郎＋日本群読教育の会

発　行　所／株式会社 高 文 研
東京都千代田区猿楽町２－１－８（〒101-0064）
☎03-3295-3415　振替口座／00160-6-18956
ホームページ　http://www.koubunken.co.jp

組版／ＷｅｂＤ（ウェブ ディー）
印刷 製本／三省堂印刷株式会社

ISBN978-4-87498-305-8　C0037